（第六辑）

华电班组

中国华电集团有限公司◎编

中国电力出版社
CHINA ELECTRIC POWER PRESS

图书在版编目（CIP）数据

华电班组. 第六辑 / 中国华电集团有限公司编. —北京：中国电力出版社，2023.10
ISBN 978-7-5198-8165-8

Ⅰ. ①华… Ⅱ. ①中… Ⅲ. ①电力工业–生产小组–工业企业管理 Ⅳ. ①F407.616.6

中国国家版本馆 CIP 数据核字（2023）第 177426 号

出版发行：中国电力出版社
地　　址：北京市东城区北京站西街 19 号（邮政编码 100005）
网　　址：http://www.cepp.sgcc.com.cn
责任编辑：刘汝青　孟花林
责任校对：黄　蓓　王海南
装帧设计：张俊霞
责任印制：吴　迪

印　　刷：三河市万龙印装有限公司
版　　次：2023 年 10 月第一版
印　　次：2023 年 10 月北京第一次印刷
开　　本：710 毫米×1000 毫米　16 开本
印　　张：17.25
字　　数：270 千字
印　　数：00001—10000 册
定　　价：88.00 元

主　　编　白学桂

副 主 编　罗　欣

责任编辑　张　哲　廖　金　林　玮　张　轲

目录

CONTENTS

班组篇

班组长篇

班组篇

聚焦“四个环节” 打造创新型班组

华电龙口发电有限公司集控分场电气甲班

华电龙口发电有限公司（简称龙口公司）集控分场电气甲班（简称电气甲班），现有员工 7 人，主要负责公司 4 台 20 万 kW 机组电气设备运行操作、巡检和维护工作。

在班组成员们的不断努力下，电气甲班多次获得华电国际“先进集体”和集团公司“‘五型’标杆班组”称号；2018 年获得山东省“创新型班组”、山东省“工人先锋号”荣誉称号。

图 1　电气甲班合影

一、实施背景

班组作为企业最基本的生产单元，是企业培养职工创新意识、提升技能水平、解决生产实际问题的主要场所，也是企业科技成果与创新技术的转化之地。

开展创新型班组建设是提高企业创新水平的有效途径，班组创新力是体现一个班组先进性的重要表现，是班组不断进取的动力源。

长期以来，电气甲班始终把激发员工的技术创新热情、保持班组的技术创新活力作为班组建设的首要工作来抓，大力打造创新型使命班组，依托提升职业技能传承、规范落实创新制度、建立完善创新体系、发挥示范引领作用“四个环节”，使班组人才培养能力和创新能力得到全面提升。

二、主要做法

（一）提升职业技能传承，助推人才梯队建设

班组推行“师徒帮带”，鼓励老师傅们公开经验技术，实现技能传承与技能共享；推行“师徒技能捆绑”，将人员进行分组，结对子，技能高的带技能低的，签订师徒合同，实行捆绑考核、捆绑绩效，让师傅认真教、徒弟主动学，使技术不断层，学技能少走弯路，让年轻员工在浓厚的学习氛围里吸取养分、成长进步，从而实现班组技能水平的整体提高。

图 2　师带徒现场培训

班组实行岗位 AB 角交叉培训，进行“一岗多能”人才培训，使其成为“多面手”人才，最终进入“岗位互换—定向培训—技能提升”的管理模式。班组先后编写了共 16 万余字的培训手册，以便运行人员处理设备故障时参考。

通过班组“大讲堂”等形式，把讲堂作为提升员工素质、解决工作难题的有效载体，使班组成员轻松分享彼此工作中的技巧、经验，切实解决工作中遇到的种种难题，在班组成员之间形成互帮互学、共同提升的良好氛围。

现班组已有三名成员取得高级技师职业资格，一名成员被评为齐鲁首席技师，多名成员被公司聘为高级技术专家、技术能手，为企业培养了一批技能高超、经验丰富、精明能干的复合型技术人才，成为企业技能骨干。

（二）规范落实创新制度，强化班组基础管理

为了规范和促进创新管理工作，全面提高员工自主创新能力，班组制定并完善了创新工作管理制度。每年召开一次年度工作会议，制定年度工作计划，再通过月度自查和季度例会，抓好年度工作计划分解落实。

健全创新奖励制度，对班组成员在工作中完成的创新成果，按创新管理制度给予奖励，充分调动班组成员的创新热情、激发创新意识、增强创新理念。通过创新协同、成果转化等创新制度的协调运作，促进创新管理制度在工作中发挥效用，形成一个良性循环的运行整体。

积极参加公司、集团和协会组织的职工创新创效竞赛，借助更高层次的平台，增加对外交流机会，展现职工自我形象，展示班组创新风采。

（三）建立完善创新体系，提升班组管理水平

为了有效激发班组的创新活力，推动班组建设水平持续提升，优化完善班组创新机制，经过多年在班组建设工作的经验积累，重新构建了新的“五个层级”创新体系。

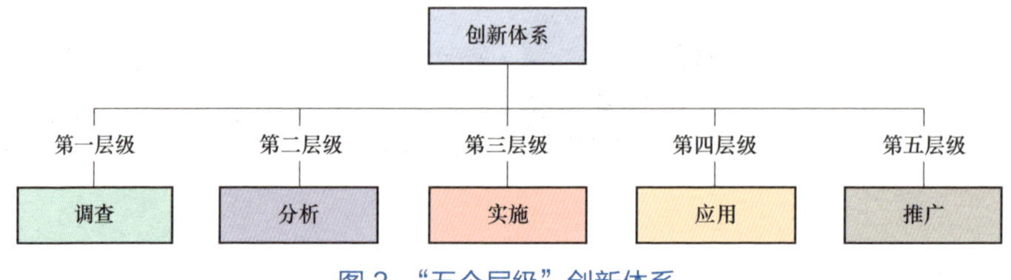

图 3 “五个层级”创新体系

第一层级调查。针对工作中存在的问题，结合现场实际，进行调查分析并找出问题症结。调查采用“三现”手法，即当产生问题的时候，到“现场”去，亲眼确认“现物”，认真探究“现实”。

第二层级分析。从“人、机、料、法、环、测”等方面考虑，按“原理和原则”方法分析原因，并充分考虑产生问题的各种潜在原因，避免遗漏。

第三层级实施。按“5W1H”（What 对策、Why 目标、Who 负责人、Where 地点、When 时间、How 措施）要求制定对策逐条实施后，与对策目标进行比较，确认对策效果。

第四层级应用。将创新成果在实际工作中应用，做到精心管理降成本、改进技术提效率，完成成果鉴定、专利申报。

第五层级推广。积极完成创新成果的成果转化，让成果转化增效益、推广应用见成效，为企业发展提供内生动力。

自班组实施“五个层级”创新体系以来，班组成员将日常工作中发现的问题，提炼成一个个技术攻关项目，将创新成果转化为成熟的产品，为公司获得创新收益。

开展创新活动以来，班组多次应邀参加中国长江三峡集团公司、中国电力创新成果展示交易会等电力及其他行业质量管理活动经验交流和优秀成果展示会议，分享质量创新经验，共享科技创新成果，发挥示范引领作用，完成创新成果转化及推广应用；两项成果已申报全国能源化学地质工会成果转化项目，一项成果申报山东省职工技术创新成果转化应用项目。

（四）发挥示范引领作用，弘扬劳模工匠精神

在班组创新工作中，充分发挥劳模工匠的示范引领作用，是落实班组创新的一项重要机制。劳模工匠是班组成员的杰出代表，是班组成员身边的榜样，能够有效推动班组管理水平和创新能力的持续提升。班组成员通过学习劳模事迹、继承工匠精神，鼓励员工勇敢面对创新过程中遇到的各种困难，坚定员工坚持不懈创新的信心。

班组依托烟台市“张峰劳模和工匠人才创新（孵化）工作室”，发挥高技能人才技术带头和“传、帮、带”作用，借助工作室优秀的硬件资源，为班组成员创新创意提供实践平台。

积极倡导“在实践中发现问题，在创新中解决问题，在应用中拓展成效”，鼓励员工围绕安全生产、技术难题等公司重点工作，积极参与公司 QC、“五小”、专利发明、技术革新等活动，在班组成员之间掀起“学知识、强技能、比贡献”的高潮。2019 年“创新工作室”被评为集团公司职工创新工作室创建单位。

创新工作室外观

创新理念展示区

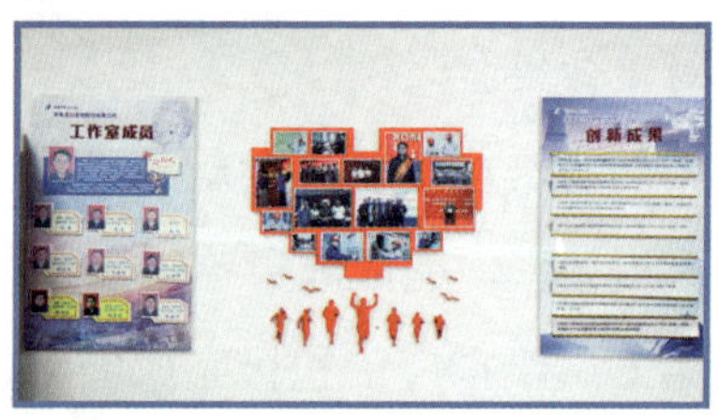

荣誉成果展示区

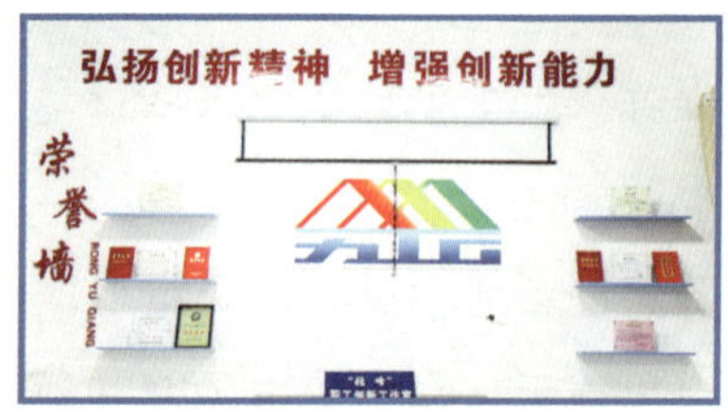

图 4 工作室内外全貌

三、取得成效

近年来，电气甲班以技能传承、体系建设、制度保障、典型引领四个环节为抓手，全面构建创新型班组，使班组人才培养能力和创新能力得到全面提升。

班组一名成员获得山东省劳动模范、烟台市劳动模范、十大工匠、五一劳动奖章、产业领军人才（技能类）、D 类（重点）人才等荣誉称号。他在工作中总结出一套新式测量法——“张峰非接触式防触电预报警绝缘电阻测量法”，有效防范了人身触电事故的发生，实现了作业环境本质安全，获得集团公司职工先进操作法、工作法。

研制的电力工器具获得五项国家实用新型专利，解决了电力行业关键性的操作技术和生产工艺难题，为企业创造了较大的经济效益和社会效益，累计创造经济效益 70 余万元，每年节省设备更换费用 20 余万元。

2015—2022 年，班组 6 次获全国优秀质量管理活动最高奖“全国优秀质量小组”称号，5 次获全国电力行业优秀成果特等奖，2 项成果获中央企业 QC 成果一等奖，连续 8 年获山东公司优秀成果一等奖，10 项成果获国家级、4 项成

果获省部级电力行业职工技术创新、应用等奖项。

2022 年，班组创新成果“基于云平台全自动变压器绝缘测量工具的研究与应用”获得集团公司职工创新创效成果一等奖、全国能源化学地质系统优秀职工技术创新成果一等奖；其他成果分别获全国电力行业质量管理小组活动成果特等奖、全国设备管理与技术创新成果二等奖、全国电力职工技术创新奖三等奖、山东省创新方法大赛三等奖。

创新无止境，奋进创辉煌。班组建设是一项系统工程，班组建设创新是一项长期的、精细的规范化过程，创新是班组建设的不竭动力。我们坚信，只要狠抓班组建设，大胆进行创新，注重改进提升，班组建设工作就一定能够取得更加优异的成绩，企业也一定能够在激烈的市场竞争中赢得主动，谱写出更加辉煌的篇章。

图 5　班组荣誉墙

（撰稿人：张　峰）

绘好作战“四张图” 全员奋进勇争先

华电轮台热电有限公司运行部运行二值

华电轮台热电有限公司（简称轮台热电公司）总装机容量700MW，地处天山南麓，是新疆南北疆交汇处的主要电源支撑点，也是新疆电网骨干电厂。

轮台热电公司运行部运行二值（简称运行二值）是一个奋战在生产一线的运行班组，成立于2015年11月。现有职工14人，平均年龄42岁，班组内高级及以上技术人员10人，负责两台350MW超临界单系列机组运行监视、环保经济参数调整、安全操作管理等工作。运行二值积极推进“五型”标杆班组创建工作，以强化业绩为导向，着力激发班组活力，强化班组建设，努力提升班组管理水平，积极营造比安全、比指标、比培训、比业绩的良好氛围，为打造一流“五型”特色班组而不懈努力。值际指标竞赛成绩始终名列前茅，出色完成各项工作任务。班组先后获得轮台县“工人先锋号”、2022年度新疆公司“‘五型’优秀班组”和“工人先锋号”、2022年度集团公司“‘五型’标杆班组”等荣誉称号。

图1　运行二值合影

一、实施背景

班组是企业组织生产经营活动的基本单位，是企业最基层的生产管理组织，企业的所有生产活动都在班组中进行，所以班组工作的好坏直接关系着企业经营的成败，只有班组充满勃勃生机，企业才会具有旺盛的生命力，才会在激烈的市场竞争中长久地立于不败之地。由于轮台热电公司地理位置特殊，人员流失率大，为了更好地团结班组力量，加强班组文化建设，保证安全生产，提高员工综合素质，将班组创建成企业坚实的战斗堡垒，运行二值结合实际工作充分发挥每个人的长处，以夯实班组安全、培训为主，以提高创新能力为辅，强调班组文化建设，努力提高员工在工作学习中的能动性，在为企业提质增效的同时，培养出一批高素质的员工，助力企业高质量发展。

二、主要做法

以安全生产为基础，以经济运行和效益运行为中心，值内充分发挥民主管理的职能，党工团作用相互促进，全面落实岗位责任制，认真贯彻执行“安全第一、预防为主、综合治理”的安全生产方针，使全体员工安全思想牢靠、班组整体调和；高质量、高效率地开展工作，在安全生产上实现了“四无”，整体工作受到公司和部门的一致肯定和全厂员工的一致好评。

（一）新集体、树新风，绘制班组建设“文化图”

一引其纲，万目皆张。班组管理的最高形态就是文化管理，运行二值已经迈出了班组文化建设的一大步。坚持以“求实、创新、和谐、奋进”的核心价值观和“马上就办、办就办好”的工作作风，为稳步加强班组文化建设，实现公司共同愿景，切实做到对公司价值体系的内在认同，值长认真分析班组发展需求，立足设备安全运行实际，结合班组考核成绩，聚焦班组青年员工“喜闻乐见”的事物特点，从“工作能力、工作经历、安全积分和爱好特长”等多维度创建组员属性数据库，关注班员每个“小细胞”，开展丰富多彩的文化生活，大家一起畅谈，聊家常、解烦恼；工作中每人都想“吃点亏”，干好本职、帮他人、促成长。紧张活泼的工作环境和墙上满是笑脸的合影照片，将班组文化切实达到内化于心、外化于行的良好效果，真正实现班员所思所想与班组所行所向保持同频共振。

（二）讲安全、保安全，绘制班组建设“安全图”

愚者用鲜血换取教训，智者用教训避免事故。值内注重安全管理，不断提升人员的安全生产意识，确保安全生产。运行二值有着坚实的班组安全管理基础、完善的安全管理体系。在公司和部门的领导下，认真学习各类安全文件和有关通报，认真吸取兄弟班组和其他单位的经验和教训，班组三级安全网发挥各自的安全责任，始终把“人”作为安全生产的第一要素，引导和教育全员树立科学的安全管理理念，不断强化全员的安全意识。持之以恒地宣传安全生产的重要性，认真组织班组人员学习、分析、总结生产中出现的事故教训，并根据班组实际情况，查找问题，制定相应的安全整改措施，不断加强班员的安全责任心，将班员的安全责任心提高到讲政治、讲安定的高度。同时开展各类实操培训与比赛，使班组成员熟练掌握安全生产九项基本技能，坚定不移地贯彻“安全第一、预防为主、综合治理”的安全生产方针。先后参与机组启动操作 10 余次，累计发现缺陷 1700 余条，工作票和操作票零差错。全体值内员工始终把安全放在第一位，将“两票三制”管理做到严谨化、规范化、精细化。严禁无票作业，严禁未落实监护措施作业，严禁未进行辨识或安全措施不全作业。严把审票关，把不安全事故消灭在萌芽状态。自班组成立以来未发生一起不安全事件，真正做到安全零事故。

图 2　应急演练

（三）抓培训、提素质，绘制班组建设“引导图”

以思想建设为经，以技能提升为纬。始终以习近平新时代中国特色社会主义思想为指导，全面贯彻落实党的二十大精神，深入学习领会习近平总书记系列重要讲话精神和安全生产重要论述，积极响应和认真落实上级精神和各项工作要求。

学在苦中求，艺在勤中练。运行二值持续开展安全和技能培训，做到超前谋划，针对当前人员技能水平欠缺和人员不足的问题，创造性地开展多项特色培训活动，营造出“比、学、赶、帮、超”的良好学习氛围，开展“班组大讲堂”11 次、“值长带我去巡检”33 次、“每日一题”264 次，班组培训考试 36 次，累计参加培训 3718 人次；主动开展运行规程修编建议活动，累计建议修编运行规程 23 处；每逢机组启停操作，通过操作前的讲解、操作后的分析，熟练掌握机组启停要点；日常扎实开展应急演练和事故预想工作，做好人员分工职责，明确操作流程，确保在真正发生事故时做到处事不乱、遇事不惊、快速处理，保证机组安全运行，先后处理了制粉系统堵磨、给煤机皮带打滑、锅炉转态、给水泵汽轮机汽源切换异常导致的给水流量异常波动及凝结水泵跳闸备用泵未联启等异常事故，保证了机组安全运行。2022 年度值内成员岗位晋升成效显著，晋升值长 1 名、主值班员 1 名、副值班员 1 名。

2022 年 2 月 10 日夜班，2 号机组维持 215MW 升负荷运行，突然 2 号机组给水流量由 753t/h 突降至 73t/h，给水泵汽轮机转速降至 1879r/min，汽动给水泵因为实际转速与目标转速偏差大于 800r/min 切至手动方式，随后给水流量 73t/h 突增至 1367t/h，给水泵汽轮机转速升至 5141r/min，给水泵汽轮机调节阀由 40%涨至 100%，立即打开汽轮机本体疏水，防止蒸汽带水，并安排巡检对 2 号汽动给水泵本体有无冒白汽、机组声音是否正常、振动是否正常进行检查，加强机组振动监视，同时运行人员立即在 MEH 画面将给水泵汽轮机控制模式选择中远方投入，汽动给水泵交远方控制，汽动给水泵流量控制为手动，手动进行降转速，降低给水流量，随着给水流量稳定在 746t/h 后机组恢复正常。

图 3　值长对值内人员培训

（四）增效益、搞创新，绘制班组建设“成效图”

建立健全班组安全生产责任制，进一步落实责任，细化任务目标，以小指标达标治理专项行动为切入点，全面开展机组能效对标、运行优化等工作，通过持续优化调整运行方式，综合厂用电率同比下降 0.25%，创造效益 106 万元，1、2 号机组连续三年荣获中电联“350MW 超临界纯凝空冷机组厂用电率最优机组”称号；持续开展机组受热面氧化皮吹扫防治工作，每年节省检修费用 200 余万元，全年实现“四管”无泄漏；扎实开展汽轮机冷端优化工作，持续优化间接空冷塔机组真空度，供电煤耗下降 1.32g/（kW・h），企业能耗管理水平得到有力提升。

致力于汽轮机冷端优化工作，持续优化间接空冷塔冬季防寒防冻逻辑保护定值、开展间接空冷塔全塔配水试验及间接空冷塔双机并列运行等工作，单机运行期间机组，全塔配水机组循环水冷却效果显著，机组负荷从 157MW 到 350MW 提高真空约为 2.2～5.5kPa。2022 年单机运行期间全塔配水运行共计 81 天，创造效益 181.8 万元；优化间接空冷塔防寒防冻逻辑后，同比机组真空度提升 0.6%，有效降低机组煤耗 1.32g/（kW・h）。

图 4 仿真机操作指导

三、取得成效

运行二值始终以“务实求真，围绕安全经济促发展”为目标，全员尽责，共同奋斗，安全经济环保屡创佳绩。班组结合自身岗位，细抠、深挖运行指标，在公司小指标竞赛中始终名列前茅。

（一）安全生产扎实推进

先后参与机组启动操作 10 余次，累计发现缺陷 1700 余条。在“两票三制”管理中，做到严谨化、规范化、精细化，严禁无票作业，严禁未落实监护措施作业，严禁未进行辨识或安全措施不全作业，严格落实双监护操作要求，把不安全事故消灭在萌芽状态，实现全年操作无差错，未发生一起不安全事件，环保达标排放 100%，真正做到安全环保零事故。

（二）班组管理初具成效

班组荣誉收获颇丰，先后荣获轮台县“工人先锋号”、2022 年度新疆公司“‘五型’优秀班组”和“工人先锋号”、2022 年度集团公司“‘五型’标杆班组”等称号，班组建设成效显著。

（三）创新效益同比提高

针对锅炉点火方式为等离子点火且未配置油枪点火装置、汽轮机处于温态无法供应轴封导致机组无法抽真空、锅炉点火后凝结器无真空下主再热蒸汽管道疏水、锅炉受热面氧化皮吹扫过程中冷端再热器压力波动导致轴封母管压力波动等问题，运行二值组织技术骨干反复研讨，最终形成无辅助蒸汽启机方案及风险点预控方案，总计辨识机组启动过程中 7 项作业风险，细化操作过程，明确制定 14 项机组启动操作要点，针对 7 项风险点制定 7 个专项防范措施，确保启动过程全覆盖，首次无辅助蒸汽启动取得圆满成功。

（四）深入排查除隐患

2022 年 10 月，针对 2 号机组启动后真空低、发电机漏氢量大等问题，运行二值组织深入现场查隐患，有效解决真空严密性试验不合格、发电机漏氢量大等亟待解决的问题，提升了机组经济性和安全性。

抬头仰望夜空繁星点点，低头俯瞰大地华灯初上，在万家灯火背后，甘做一群不露面的光明使者。轮台热电公司运行二值就是这样一支优秀的队伍，以“教育培训”共筑合力，以“团队建设”夯实基础，以“班组建设”构建经纬，以“班组管理”展现作为，创新奋进、奋勇争先，确保各项保障任务万无一失，以优异成绩为轮台热电公司高质量发展贡献力量。

（撰稿人：张天兆　张　兰）

“3C+1S”建和谐班组　多措并举保安全生产

贵州乌江水电开发有限责任公司东风发电厂机械一班

贵州乌江水电开发有限责任公司东风发电厂（简称东风发电厂）装机容量为 695MW，库容为 10.25 亿 m^3，电站大坝为双曲薄拱坝，坝高 162m，底宽 25m，顶宽 6m，是目前亚太地区最薄的高拱坝。

东风发电厂机械一班（简称机械一班）成立于 2015 年，现有职工 8 人，其中本科学历 7 人，中级职称以上 3 人，助理工程师 5 人。机械一班主要负责东风发电厂 4 台机组主设备、辅设备及坝区水工机械设备检修维护工作，并承担乌江公司上游 5 个水电站 14 台机组 A、B 级检修（机械部分）工作任务，是乌江流域上游电站安全生产一线上的主力军。

图 1　机械一班合影

一、实施背景

自 2020 年以来，根据东风发电厂设备分工调整，机械一班在做好乌江公司上游 5 个水电站 14 台机组 A、B 级检修（机械部分）工作的同时，兼顾东风发电厂厂内 4 台机组主设备、辅助设备及坝区水工机械设备的检修维护工作。当前，安全生产形势依然严峻复杂，能源保供压力持续加大，班组秉持着优秀的传统，坚持“厚积薄发　争创先进　不畏辛劳　自强机械”的班组文化理念，以“实现培养设备维护管理和机组检修复合型人才，成为流域水轮发电机组检修/维护金牌团队”为班组愿景，在前进的道路上不断探索，总结提炼出“3C＋1S”班组管理工作法，充分发挥班组员工主观能动性，为企业实现年度安全生产目标贡献班组力量。

二、主要做法

构建“3C＋1S”班组管理工作法，“C”是夯实（consolidate），“3C”即夯实安全工作管理、夯实人文素养基础、夯实人才培养根基；1S 是塑造（shape），即塑造业精务实团队。“3C”是实现班组安全生产目标的方法和措施，“1S”是实现班组安全生产目标的要求和保障。

（一）夯实安全工作管理，创建安全和谐班组

营造“安全是父母的寄托，安全是妻子的期盼，安全是朋友的祝福，安全是儿女的心愿”的安全警示氛围。让班组员工从思想上深刻认识到“没有安全就没有和谐的企业，没有安全就没有幸福的家”，肩上担的不仅是企业的一个岗位，更是一个家庭的责任，班员安全意识提高，班组安全管理品质得到升华。生产现场，每日开工前做到“六交四查双述”，班后会班长对班组工作安全进行检查和总结。每周对工作的安全风险点进行分析总结，对工作上存在的问题及时提出改进意见和具体措施，协调安排、协同解决。同时抓好班员“安全第一”的意识，提高班员“我要安全”的觉悟，提升班员“我会安全”的技能，从而达到人身、设备双安全。

谋划贯穿全年的重点工作，通过以点带面，达到全面辐射带动的效果。将反“装置性违章”专项工作列入 2022 年度工作重点，对标对表，创新实践“3D”模式，即以反“装置性违章”专项工作为统领，积极将反“装置性违章”专项工作与压责任、促整改、立机制等三个维度有机融合，彻底消除装置性违章。

图 2　“两外”人员“六交四查双述”

通过“353”模式（3 种方式提高、5 种方法行动、3 个方面巩固）推进反违章专项行动，使全体班员从思想上和行动上进一步增强反违章意识，确保年度安全生产目标的实现，为实现企业本质安全提供坚实的基础。

（二）夯实人文素养基础，营造和谐班组氛围

形成“以班为家、以心换心、团结友爱、互帮互助、互敬互爱”的和谐理念。通过工会组长真诚用心地向员工征求意见、耐心疏导、解决问题等方式，处处关心班员身边小事上，把班组建成全班员工可以信赖的规范之家、民主之家、文明之家、幸福之家。职工小家建设活动中，班组不定期举行内部工会小组活动，每年进行一次公益活动，每月至少一次班组座谈交流活动，重大节日组织班员及家属联欢活动。对于有困难的同志，大家齐伸手，严格做到“三必访”“三必探”“三必贺”工作，让班组员工充分体会到班组集体的关心，在班内形成了健康向上的风气，让每个班组成员都能体会到“家”的温度。

树立“以人为本”的为人处世宗旨。将人本精神潜移默化在工作生活中，关心人、爱护人，以和谐促发展，以发展促和谐，二者并举，团结一心，在巩固优良传统的基础上，开拓创新，多措并举，出色完成了厂内设备检修、维护、技术改造等工作，并保质保量完成对外检修任务。

图 3　感恩母亲节娱乐活动

（三）夯实人才培养根基，促进班组职工发展

加强学习团队建设，强调全员化学习、集中化培训、碎片化记忆。让班组成员由被动接受转变为主动参与，班组员工学习积极性大幅提高，员工能力在授课中得到充分锻炼。现场采用集中化培训与碎片化培训相结合。举行专门的专题知识培训，集中学习，针对性强，收益快，共同提高。通过对学习内容或者学习时间进行分割，对学习内容进行碎片化学习，形成日常化的学习模式和机制。同时，每年安排青年职工参加行业举办的专业技术培训，培训率达 100%，促进职工不断发展。

坚持从检修中学习，在检修中磨砺，在检修中成长。分别由班长、技术员担任组长，带动班员学习，制定详细的班组培训计划，并将责任落实到人，将培训成绩纳入班组绩效考评。培训学习模式丰富多样，每月组织开展政治学习，提高政治素养；每月择时开展专业技术讲课、技术问答、事故预想和现场考问，提高班员专业技术掌握能力；每季度开展职业卫生教育培训，提高职业安全水平。将检修作为主要培训平台，坚持“学多行 专两行 精一行”的培训理念，进行跨专业培训；开展“人人当老师，课堂搬现场”活动，加强业务技能交流。

图 4　生产现场开展技能培训

（四）扎实开展检修维护工作，塑造业精务实团队

班组在非汛期面对“对外检修、厂内检修、厂内维护”的三重任务，群策群力、优化配置，协同三个检修班组成员，组合成立“三个作战组”（设备维护组、厂内检修组、厂外检修组），并指定一名班组长或青年同志担任组长，三组并行、三管齐下，在完成各项工作任务的同时，也打造了一支“能亮剑、敢亮剑、善亮剑”的业精务实作战团队。

图 5　技能大比拼

设备维护组组长负责完成厂内设备维护、整改、消缺、外委项目等统一协调管理工作，厂内检修组组长负责检修准备（检修文件包编写、检修工期图绘制、设备异动申请等）至检修竣工的工作安排，检修开展期间，两组人员协同配合，合理调配人手，整合资源，高效率同时完成厂内设备检修、维护工作。厂外检修组组长负责对外检修相关的人员、材料、工器具的准备及检修现场管理。各组长轮流任命，多方面锻炼班组成员的管理能力，最大效率地完成年度各项工作任务，塑造了一支业精务实的团队。

三、取得成效

（一）检修屡创佳绩

2022 年 3 月，大花水 1 号机 A 修中，在工期紧张的情况下，保质保量完成 A 修项目的同时，完成导叶端面密封装置加装等占用主线工期的特殊技术改造项目，机组提前 2 天交付系统。8 月，在洪家渡 3 号机小修期间，敢于挑战，攻坚克难，完成上端轴定位销加装，在工期紧凑的情况下，完成机组调机等大修才开展的工作，机组运行工况得到极大改善。11 月，索风营 3 号机 A 修，仅耗时 10 天顺利完成拆机工作，比原计划提前 6 天完成，真真切切地用“东风速度”在索风营发电厂机组检修拆机工作的里程碑上镌刻出新篇章。

（二）班组成果显著

近年来，班组 QC 成果“降低水电检修工器具损坏率”获贵州省优秀 QC 成果（特级）、电力行业三等奖；“降低索风营 2 号机水轮机导水机构故障率”获贵州省优秀 QC 成果（一级）；“降低东风 4 号机水轮机异常处理频次”获贵州省优秀 QC 成果（特级）；“立足岗位 携手并进 推动企业高质量发展”获 2022 年贵州省质量信得过班组成果二等奖。机械一班工会小组获东风发电厂“先进基层工会”称号，2023 年 3 月班组获 2022 年度乌江公司“单型标杆班组”、东风发电厂 2022 年度“先进班组”称号。

（三）班员成绩突出

近年来，班长陈极获第二届“粤、桂、黔”水电厂技能竞赛（水轮机检修专业）个人三等奖、团体三等奖，获集团公司第37届技能大赛（水电诊断）个人赛二等奖，获集团公司“技术能手”“青年岗位能手”称号，获贵州技能大赛暨第七届贵州电力行业职工（水轮机检修专业）团体二等奖及个人二等奖，获贵州省“技术能手”称号；班员熊敏杨获贵州技能大赛暨第七届贵州电力行业职工（水轮机检修专业）团体三等奖，吕传宝被评为贵州省国资委“优秀共青团员”。班长陈极连续三年获乌江公司“优秀班组长”称号。

展望未来，在今后的工作中，班组坚持在和谐中强化班组建设，推行“3C+1S”班组管理工作法，夯实班组基础管理，坚持创新发展理念，开拓进取、奋发有为，打造具有新时代特色的基层优秀班组，努力在集团公司“五三六战略”和乌江公司“1122”发展战略中展现新作为。

（撰稿人：陈　极）

推行大班制改革　破解班组结构化缺员难题

江苏华电戚墅堰发电有限公司运行部 1/2 号机集控运行班

江苏华电戚墅堰发电有限公司（简称戚电公司）运行部 1/2 号机集控运行班肩负着两台 S109FA（390MW）燃气-蒸汽联合循环发电机组的运行维护和能源保供工作。班组前身由五个集控运行班组合并而成，现有成员 32 名，平均年龄 46 岁，大专及以上学历人数达 18 人，是一支专业素养扎实、业务技能过硬的队伍。班组始终坚持价值发电理念，以争创集团公司“五型”标杆班组为目标，强基础、保安全、育人才、推创新，为公司创建世界一流燃机示范企业贡献班组力量。

作为一家百年老厂，集控运行班组面临人员结构老龄化、岗位技能单一、主岗位人员短缺等众多突出问题。班组大胆推行大班制改革，将原有多个集控运行小班合并为集控运行大班，通过合理调配人力资源，配以多元化的人才培养机制和富有成效的班组管理手段，并厚植班组文化，传承老一辈运行人的红色血脉，提振班组精气神，让班组重新焕发出勃勃生机。

图 1　运行部 1/2 号机集控运行班合影

一、实施背景

在威电公司百年奋斗历程中，班组始终是改革创新、持续发展的中坚力量，在企业生产经营活动中发挥着主力军的作用。然而，作为一家百年老厂，随着企业的转型升级，煤电机组关停造成人员过剩，给企业发展所需的更新换代带来负面影响，新鲜血液补充不足，职工平均年龄呈逐年上升趋势。运行班组的结构化缺员现象尤为突出，一方面是员工总数过剩给企业带来经营效益负担；另一方面是岗位分工过细，职工技能单一，人员结构老化，主岗位人员捉襟见肘，人才培养出现断层现象。在现有运行模式下，运行班组被划分为 5 个小班，实行五班三倒模式，平均每个班组 6～7 人，当机组要进行双机同时启停等重大操作时，人员已几乎无法满足需求，而班组人员公休、病休、事假、公派等非战斗性减员情况的常态化存在，更是雪上加霜，给保障机组的安全运行带来极大隐患。针对这一突出问题，班组决定推行大班制改革，将原有多个集控运行小班合并为集控运行大班，通过合理调配人力资源配以全能值班员岗位培训等多种创新手段，保障机组安全稳定运行。

二、主要做法

（一）班组兼并重组，优化岗位人员配置

1. 综合分析人员状况

梳理分析各集控运行小班当前运行人员的年龄结构、岗位资格、技能等级及职业素养等综合能力。对岗位人员进行重新划分，以满足两台同类型燃机机组运行值守的最低配置人员数量为基础，将运行人员分别合理划分成 6 个小组，每小组配置 5 名运行人员，岗位分别为单元长 1 名、主值 2 名、副值 1 名、巡操 1 名，另增设集控运行大班长 1 名，全面负责 6 个小组的人员调配和班组日常管理工作。

2. 调整班组运转模式

班组创新性地探索实行“六组三运转”模式，针对燃机机组频繁启停、日常顶峰开机等重要操作均安排在早班进行的特点，将第六组人员作为机动人员

日常参与早班值守运行，从而缓解当前早班人员捉襟见肘的现状。如遇中夜班因机组临时调峰运行或发生各类缺员等情况，则安排第六组相应人员代入缺员岗位，达到最大化合理调配岗位人员的目的，确保机组安全稳定运行。

（二）创新培训形式，打造多元培训机制

1. 导师带徒，以学促修

班组多名技术骨干与青年完成了结对帮扶，通过带思想、带技能、带创新，开辟青年成长通道。同时还定期组织青年座谈交流会，围绕工作难题开展“头脑风暴”，挖掘创新项目，确定创新课题，制定攻关项目，实现人人有担子、个个有任务，在创新中实践，在实践中进步，让创新、进取、成长成为时尚。

图 2　班组技能培训

2. 推陈出新，探索青工培训新路子

近年来，随着班组新进职工的不断加入，班组成员存在技术水平、业务能力参差不齐的现象。为了解决这一问题，班组另辟蹊径，新进大学生由原来的“跟班学习”转变为“长白班轮班学习”，原来的“一师一徒”也变为“一对多”“多对一”，使得一个徒弟能够学习多名师傅的优秀经验，助力青年“集百家之所长，融百家之所思”。

3. 岗位互学，催生全能值班员

为了缓解运行人员紧缺情况，班组率先启动“F 级机组交叉培训”工作，“换班”+“授课”巩固学习内容，先由对应机型员工带领“新学员”熟悉现场“搭框架”，再通过专工授课、一对一提问等形式“精雕细琢”知识点，切实做到经验有人“传”、学习有人“帮”、工作有人“带”，确保培训短期出实绩。职工双向学习、互为补充，部门强化“多层次、多专业、多机型”知识授课，齐心协力，确保能培养出满足定员标准和智能化条件下能够胜任多机型、多岗位的强企人才。

图 3　全能值班员考试现场

4. 借力 QC，破解运行难题

班组以 QC 小组活动为平台，多次担纲破解长期制约燃机安全稳定经济运行的技术难题，按照 PDCA 的活动流程，提出指标改善措施，汇总后制定出最优解决方案，形成 QC 成果。近年来，班组涌现出大量优秀 QC 成果并斩获嘉奖，其中“降低 2 号燃机给水系统电耗”获得全国 QC 小组专业级优秀成果、“降低 2 号燃机停机状态闭式水系统电耗”获得江苏省电力行业优秀 QC 成果一等奖等荣誉。

图 4　参加全国 QC 成果发布

（三）强化班组管理，筑牢安全生产底线

1. 落实“设备双主人制”，提高设备可靠性

为完善设备管控体系，真正落实“设备双主人制”，班组按照“设备双主人责任制运行责任人清单”将设备整治任务落实到组、到人。各小组分头行动，分区域、分频次、分时段对责任区域开展地毯式排查，拧紧各自的责任链条。深入梳理隐患排查治理结果，对风险等级进行合理评估，及时联系、配合检修堵塞漏洞、补齐短板，确保风险可控、在控。同时让职工主动深入现场、反复钻研，提高生产现场的处理能力。

2. 修正“绩效考核”，提高职工工作积极性

为提高职工工作积极性，班组设立绩效管理工作小组，建立健全符合班组实际的绩效考核制度，让班组管理有章可依、有据可查。同时，对日常运行指标定量定标，将每个月的绩效考核内容细化分解到每个岗位，确保人人有指标、个个有任务。班组成员每月都可以通过绩效考核的情况看到自己在指标控制上

的优劣，这样既促进了低岗位向高岗位靠拢，也能让高岗位有紧迫感，极大地激发了员工主动优化运行指标的积极性，使班组成员的技术水平和潜能得到了充分发挥。

图 5　参加公司技能竞赛

（四）厚植班组文化，提升班组精气神

20 世纪 50 年代，威电公司“沈长根小组”创造性地提出“华东运行二十五条”运行经验，被评为全国电业先进集体。如今，运行部 1/2 号机集控运行班充分利用红色资源，把深厚的文化积淀、光荣的革命传统、优良的工作作风不断传承发扬，总结提炼出劳动竞赛我争先、节能降耗创实效、培养青工有方法、党员争先有思想的“长根精神”。将企业“力行”文化厚植于班组，形成独具运行特色的班组文化。在班组日常工作中、在艰难险重任务前，班组党员发挥先锋模范作用，带头冲在前，带领班组迎接挑战，把班组打造成一支“素质高、纪律严、作风硬、战力强”的“运行铁军”。

三、取得成效

自班组推行大班制改革以来，灵活高效的弹性岗位人员配置和全能值班员的快速培养，有效缓解了班组因老龄化、岗位技能单一、主岗位人员短缺等一

图 6　党员突击队集结

系列困扰班组安全生产的难题，进一步夯实了企业能源保供的坚实基础。在班组成员的共同努力下，1/2 号机集控运行班已逐渐成为一支战斗力强劲、专业技能优异、敢于突击、不怕吃苦的实干队伍。近年来，班组相继获得集团公司"'五型'标杆班组"、集团公司"工人先锋号"、江苏公司"'五型'精益班组"、江苏省"工人先锋号"和"全国优秀质量管理小组"等荣誉。

路漫漫其修远兮，吾将上下而求索。今后，班组全体成员将拿出勇攀高峰的闯劲、勇夺标杆的拼劲和争创一流的干劲，进一步推进班组建设的高质量发展，助力企业创建世界一流燃机示范企业作出更大的贡献。

（撰稿人：高学磊　刘　俊　陆文君）

筑安全屏障　保设备安全
发扬“老黄牛”精神　构建和谐团队　勇创标杆班组

云南华电鲁地拉水电有限公司维护部机械班

云南华电鲁地拉水电有限公司（简称鲁地拉公司）维护部机械班成立于2013年3月，现有员工8名，平均年龄30岁。其中中共党员5名，工程师5名，助理工程师2名，水轮机检修工技师1名，水轮发电机机械检修工技师1名。维护部机械班是一支政治立场坚定、业务技能精专、技术经验丰富、工作氛围融洽、人员搭配合理、充满青春活力的队伍，班组成员大力发扬艰苦奋斗、兢兢业业的“老黄牛”精神，以安全生产为核心，以促进公司效益为动力，出色地完成了公司的各项生产任务，为公司高质量发展提供了强大力量。班组曾获集团公司2022年度“‘五型’标杆班组”、云南公司“‘五型’优秀班组”称号。

图1　维护部机械班合影

一、实施背景

班组推崇“老黄牛”任劳任怨、埋头苦干、坚韧不拔、顽强拼搏的精神，一直把老黄牛“勤劳、稳重、坚韧”的特性融入实际的安全生产工作中，始终把安全意识的建立、强化、固化作为班组工作的“三部曲”，在班组营造了“人人要安全、事事能安全、人人会安全、事事必安全”的良好氛围，为班组的安全生产工作筑牢了一道坚实的安全屏障。

班组工作过程中秉承“以氛围促学习、以学习强技能、以技能筑安全、以安全保质量、以质量固氛围”的理念，不断提升管理水平，开拓创新，多措并举，让班组在实践中发挥最大潜能，打造出具有机械特色的品牌班组。

二、主要做法

（一）咬定目标不放松，铸就安全环保型班组

班组深入学习贯彻习近平总书记关于安全生产重要论述的重要指示精神，树牢底线思维压紧压实责任，扎实做好班组安全生产工作。明确安全生产目标与责任，让员工熟知自己的安全岗位职责，责任落实到个人，以保证安全生产目标的实现。按照全员参与、全方位管理、全过程控制和动态管理原则，树立“风险管控不到位就是隐患，发现隐患不治理就是事故”的理念，强化隐患排查治理，准确把握班组安全生产的特点和规律，坚持风险预控、关口前移，按照“人、机、环、管”的本质安全管理要求，全面落实安全生产风险分级管控工作。

班组每天班前会开展“六交四查双述”，从思想上扎牢“不安全不工作”的第一道防线，防止人的不安全行为发生。每周安全学习活动学规章制度、事故案例，总结历年不安全事件教训，找准班组专业技术管理和管辖设备存在的薄弱环节，强化同类事件防治。每月安全教育培训提升安全技能，结合实际工作，从小、从细、从实抓起，不断提高班组的安全管理水平和安全技能。做好班组安全工作日常管理，抓好四个关键：一是抓好关键时间，强化重点时段能源保供工作，落实各项能源保供措施，做好应急及处理突发状况的准备，春节、汛期、国庆等重点时段，做好 24 小时 on call 值班值守工作，通过巡检、维护消缺

等“照护”工作，防范小缺陷、小苗头演化为大风险、大隐患、“非停”或事故。二是抓好关键部位的安全，使关键部位时刻处在监控状态、在控状态。做好检修期间隐蔽部位重点排查，重点检查日常巡检不具备检查条件，或无法检查到位，或有磨损风险，或容易忽视的部位或设备，消除隐蔽部位风险隐患，保障设备健康运行。三是抓好关键作业，高处作业、受限空间作业、带电作业是安全事故高发的危险作业，在开展这些高危作业前，进行全方位危险点分析，做好相应的预控措施和应急措施，确保安全情况下再开展相关工作。四是抓好关键人员的安全。对关键人员重点监护、重点管理、重点培训、重点教育，把好进人入口关和上岗入口关。

图 2 班组安全学习活动

（二）完善制度建设，打造管理质量型班组

班组用标准化管理夯实班组建设基础。班组不断摸索、实践和总结，从标准体系入手，将班组工作逐一划分归类、纳入并固化为具有特色的“三化”标准，即标准化交接班、标准化巡检和标准化作业。标准化交接班就是将交接班内容及流程细化，制定交接班表，并通过标准化术语使交接班做到精细、规范。标准化巡检就是按照巡回检查标准化要求，在检查设备时背好巡检包、带好检查用品、沿着规划好的巡检路线，做到眼看、耳听、鼻闻、手摸、仪器测。标

准化作业就是把安全知识、操作技能及流程细化成直观的作业指导书，按照作业指导书中的内容、顺序和要领实施，优质高效地完成检修维护作业。通过三个标准化流程的建立和完善，班组在管理和质量建设方面落地有声。

（三）加强创新能力，创建学习创新型班组

社会在进步，技术在更新，新问题不断冒头，检修维护人员必须要逆流而上，加强学习新知识、新技术、新设备力度。班组打破技术培训常规模式，创新班组技术培训工作，在持续开展班组内部技术培训的同时，增加了“请进来、走出去”的方式，班组主动邀请“技术大咖”“专业能手”进行技术交流，为班组员工“充电赋能”“铸魂补钙”，全面提升了班员的专业技能。走出去到其他电厂、班组学经验、找差距、补短板，极大程度地提高了班组员工培训的积极性和效果，真正实现了从“要我学习”向“我要学习”的思想转变，形成了“比、学、赶、帮、超”的良好氛围。

图 3　班组技术培训讲课

（四）从细微处入手，永葆清洁节约型班组

班组充分发挥班组成员的主体作用，细化班组全员包区制度、设备维护制度，开展班组整顿活动，班组利用周检、专项检查等，对管辖的设备、区域、检修现场进行文明卫生检查，遏制了“乱堆乱放、随手丢弃”的现象。加强定

期维护和巡视，及时发现“三漏”现象并给予消除，做到不浪费一滴水、一滴油、一丝气。班组积极开展“修旧利废”活动，力求做好班组降本增效工作。

（五）凝心聚力，构建人文和谐型班组

“千人同心，则得千人之力；万人异心，则无一人之用。”班组积极构建人文和谐型班组，总结了班组建设“家”文化的七个要点。要点一是建设班组和谐“家”思想文化；要点二是制定班组纪律，规范班组成员的思想动态和行为动态，奖罚分明，促进形成组员关系和谐、互助互爱的良好氛围；要点三是定期组织班组集体活动，通过篮球友谊赛、包饺子、做饭等丰富的建家活动，减轻了班组成员的工作压力，同时增强了班组凝聚力；要点四是开辟“小园地”，开辟宣传阵地、教育阵地和文化娱乐阵地，通过一系列的活动，让组员在轻松愉快的文化氛围中升华对和谐班组建设的熟悉，凝聚智慧和力量；要点五是树立“小楷模”，在班组内选拔素质好、能力强、文化高、业务精、能团结助人的成员作为“小楷模”，用他的言行举止感召人、鼓舞人，在班组安全生产工作中起表率作用；要点六是解决“小问题”，关心组员生活中的“小”事，如组员家庭中发生的嫁娶、生病等，这些“小事情”或“小问题”往往牵动着每个员工

图 4　开展篮球比赛活动

的心，只有把这些“小问题”解决好了，组员才会有一种归属感、亲切感、责任感，班组才会有强大的凝聚力和战斗力；要点七是班组内成立“智慧团”，为振兴快乐团队献计献策，提合理化建议。通过实施七个要点，所有人都把班组当作“家”一样经营，像一股绳一样紧紧拧在一起，为“家”献计献策，为“家”无私奉献，大大增强了班组的凝聚力，不断激发了班组成员的活跃度。

三、取得成效

班组所有人员积极发挥集体智慧，在人员紧张的情况下，像石榴籽一样紧紧抱在一起，团结拼搏，圆满完成了一项项工作任务，啃下了一块块难啃的“骨头”，特别是在多次面临突击任务时，凭着对工作的热情和爱岗敬业的精神，在公司树立了“一支敢打硬仗的队伍”的良好形象。在班组成员齐心协力共同努力下，班组获得集团公司2022年度“‘五型’标杆班组”称号，连续两年获得云南公司“‘五型’优秀班组”称号。拥有1项发明型专利、4项实用新型专利。

班组将继续发挥好“老黄牛”任劳任怨、埋头苦干、坚韧不拔、顽强拼搏的精神，拿出“雄关漫道真如铁，而今迈步从头越”的豪情，激扬“事事当争第一流”的斗志，振奋“不待扬鞭自奋蹄”的精神，不断优化班组管理水平和强化班组战斗力，同心协力，拼搏攻坚共同谱写班组高质量发展的崭新篇章。

（撰稿人：王立凯）

探索“七三”工作法　打造创新型班组

福建华电福瑞能源发展有限公司安砂水力发电厂调控运行值

福建华电福瑞能源发展有限公司安砂水力发电厂（简称安砂水电厂）调控运行值成立于 2019 年 12 月，主要负责沙溪流域一库（安砂水库）七站（安砂、银河、丰海、西门、贡川、城关、高砂）的一体化调度，受控装机容量 341.3MW。班组现有成员 27 人，平均年龄 38 岁。该班组结合工作实际，创建“七三”工作法，为安全生产保驾护航，努力实现流域经济运行效益最大化，打造集团公司“五型”标杆班组。

图 1　调控运行值合影

一、实施背景

近年来，随着调度数字化、智能化应用不断拓展，为适应梯级水电站集控调度运行的新形势、新要求，班组打破原有单站式的调度运行模式，从一人监控一厂站，到一人监控多厂站，再到如今的流域水库调度和发电调度一体化。为此，调控运行值以强化班组质量管理为基础，以创新驱动发展为动力，不断提升员工技能水平和业务素质，全面夯实安全基础，实现沙溪流域各厂站“少人值守”运行方式和发电效益最大化，降本增效。

二、主要做法

（一）“七三”工作法，夯实安全工作

1.“三细”——用心实施精细化、工作安排精细化、规章制度精细化

由于调控运行值成立时间短，因此班组通过激发员工自觉参与班组建设的热情，建立健全制度体系，使班组生产绩效机制得到有效落实，安全工作实现闭环管理。在深化精益管理的工作中，班组进一步细化各岗位职责，真正做到规章制度精细化、工作责任精细化，让员工依照精细化工作安排，做到工作心细。

2.“三勤”——勤动脑、勤沟通、勤汇报

充分发挥沙溪流域经济调度调控作用，密切关注受控厂站水情变化，优化调控各站运行负荷，减少受控厂站不必要的弃水，提高水能利用率；在监盘碰到异常信号、上游来水变化时，班组人员需要结合实际，勤动脑、勤分析，与各受控电站勤沟通、勤交流，出现影响设备安全稳定运行的情况时，及时向上级、调度汇报，做到勤汇报。

3.“三心”——用心、耐心、责任心

在实时监控过程中，用心做好本职岗位工作，认真监机监盘、做好水情预测分析。各受控厂站一次、二次设备种类数量繁多、信息量大，需要用心梳理、

图 2　运行数据分析

耐心分析设备运行情况，同时要提高工作责任心，加强对各厂站现场设备的远程监控巡查，切实做好监控巡屏工作，确保做到远程监机监盘不留死角。

4.“三气”——接地气、聚人气、提士气

积极创新安全管理思路、理念和举措，以创新推动班组安全管理工作与时俱进。

班组安全教育“接地气”：实施“轮值安全讲解员”制度，要求各值轮流，根据安全日活动计划，结合不安全事件分析，带领班组成员进行每周的学习讨论，做到安全学习经常化、规范化。

安全行动“聚人气”：将“十大禁令、安全标语”张贴在班组安全宣传栏，并定期在班组内开展安全业务技能培训，调动班组成员安全管理积极性，通过开展“违章随手拍”“隐患小视频”等活动，在纠查安全隐患的同时，有效提升职工安全辨识能力。

安全争先“提士气”：在班组中开展安全争先创优竞赛活动，制定具体的考评标准和细则，纳入每季度班组管理考评。扎实开展青安岗创建活动，充分发挥团员青年生力军作用，引导青年职工把责任和职责放在首位。结合安全月活动，开展安全竞技擂台赛等活动，增强“我要安全、我会安全、我能安全、我管安全”的意识，自觉主动将安全文化理念融入岗位职责中，为打造本质安全型班组奠定坚实基础。

图 3　运行班组安全竞技擂台赛

5.“三到位”——技能培训到位、“两票”规范到位、缺陷发现及时到位

面对 7 个电站种类繁多的电气一次、二次设备及林林总总的辅助设备，调控运行值将培训工作细致化，将实际工作中必须掌握的技术知识分解成一个个小模块开展技术问答、讲评活动，并加以消化，切实将技能培训到位；严格执行“两票三制”，严把“两票”流程关，加强对安全措施的管控，保证“两票”合格率 100%。在监机监盘中及时发现缺陷，并及时反馈相关部门，有力地保证了水电安全生产的平稳态势。截至 2023 年 5 月 5 日，安砂水电厂已实现连续安全生产 9587 天，同时助力各受控电站实现年度安全生产目标。

6.“三不少”——班前检查不能少、班中排查不能少、班后复查不能少

在工作中，调控运行值严格执行交接班管理、设备巡回检查制度，要求班组成员提早 15min 到场，做好班前检查，班组把值班期间需要了解和掌握的信息表格化，接班人员对照表格逐项核对、签名确认。开好班前会，介绍当前设备运行情况和注意事项，布置本班次工作安排，针对特殊运行情况，做好事故预想，开展安全“双述”，让每个值班人员充分了解当班期间的岗位安全职责和安全风险防控措施；当班期间，针对不同电站的运行方式、设备特点和薄弱环节，定点、定时、定人进行工业电视巡查和运行参数监视、分析，确保受控设备可控在控；值班工作结束前，还要对值班期间所有的信号、数据再次进行复查，确认无遗漏事项后方可进行对岗交接；值班工作结束后，交班人员会对当班期间的工作情况进行梳理和点评，表扬好人好事，批评工作中的不当行为，通过岗位人员之间互相沟通交流，提高了值班工作的规范性，也提升了班组成员之间的亲和力，融洽了班组工作氛围。

7.“三提高”——提高岗位技能，提高应急处理能力，提高团队凝聚力、战斗力

在做好安全生产工作的同时，调控运行值特别注重加强人员技术业务水平的提高。首先，收集各项学习资料、可视化操作指导书、异常事件分析处理等资料，为员工构建全面的知识平台，让班组成员能够快速增加基础知识。其次，还结合运行人员的技术素质实际情况，开展有针对性的强化培训，通过签订师徒合同，以“传、帮、带”的形式进行培训，并加强指导、开展不定期抽查考试，检验师徒培训效果；每周定期开展线下考试，以高标准、严要求对班组人

员进行周测评并实行奖惩制，有力地促进了运行人员技术水平的提高。针对实时监控制定了事故应急处理及操作预案，组织班组成员进行研讨，在不断讨论和现场演练中有效提升了班组员工的应急处理能力。通过不断提高全员技术业务水平，努力打造一个具有战斗力、凝聚力的班组。

图 4　做好接班准备

（二）集思广益，推动“水电一体化”模式

1. 优化集控监控故障智能化报警系统，提高监控效率

针对集控监控故障报警系统，调控运行值对各梯级水电站调度控制，在确保安全的基础上，坚持分级管理、有效控制的原则。在保证安全的前提下，精简各梯级电站上送集控中心的信息量，一方面减少对通信的压力，另一方面提高集控中心监控的有效性和准确性，达到报警信息主次分明、智能化的目标，确保运行人员不遗漏每一条报警信息，简化运行人员从庞大数据库中筛选重要信息的难度，还提升了运行人员的执行效率和集控中心的管理效率。

2. 完善水情自动测报系统，优化梯级水电站运行方式

当前，沙溪流域水情水调系统可以对各水电站雨情、发电、闸门运行等情况进行全过程监视和分析，调控运行值可根据水位的涨率或者降率，计算出实际入库流量和发电流量的差值，直接通过上位机增加或者减少机组有功负荷，随时适应电站入库流量的变化，并可根据水情预测及水库调度、日发电计划安

排、系统电力外送梯级水电厂的设备运行情况等，初步确定梯级各水电站的发电出力及机组的运行方式，在服从调度管理的前提下，基于大数据实时调整调度策略，实现沙溪流域精准电调。

三、取得成效

近年来，调控运行值通过“七三”工作法，保证了机组安全稳定运行，有效降低了能耗指标，促进了整体效益、管理水平、技术能力大幅提升。

一分耕耘一分收获，调控运行值获得 2020 年度集团公司“‘五型’标杆班组”，2021、2022 年度福建公司“优秀班组”荣誉。班组成员在实践中得到了锻炼和成长，如值长曾丽艳获得 2020 年度福建公司“优秀班组长”、2021 年度福建公司“先进个人”称号；值长汪文煌获得 2020 年度三明市“青年岗位能手”称号。班组“集控监控故障智能化报警系统”精益课题获厂级一等奖，获 2021 年福建公司最佳微课二等奖两项。

班组在班员成长成才方面也有了很大的突破，从 2019 年至今，一位班组成员晋升为调控中心副主任，还有一位青年员工晋升为班组长岗位等。

征途漫漫，惟有奋斗。今后，调控运行值还将继续努力，积极探索，不断总结经验，把班组真正办成学习创新型班组，为水电集控发展作出新贡献。

（撰稿人：官宗颖　曾丽艳）

闻“令”而动 塑造“利剑”班组

四川凉山水洛河电力开发有限公司运维部运维一班

四川凉山水洛河电力开发有限公司运维部运维一班（简称运维一班）成立于 2013 年，现有职工 40 人，平均年龄 32 岁，其中具有大专及以上学历 20 人，高级技师 2 人，技师 4 人，工程师 1 人，设班长 1 名、副班长 4 名，主要承担水洛河流域电站防汛、检修、运行维护、技术改造等工作。班组以“强基础、作贡献、创标杆”为目标，不断加强班组建设，主动担当作为，勇挑“急、难、险、重”任务，充分发挥生产主力军作用，取得了突出成绩。

图 1　运维一班合影

一、实施背景

运维一班的运维工作点多面广，成员年龄普遍年轻，在公司“运维一体”管理模式下，对“一专多能”复合型人才队伍的培养需求显得更加急迫。如何克服人员少、战线长、任务重、技能水平参差不齐等困难，怎样打造一支充满活力、能打胜仗的队伍是该班组必须思考的问题。班组全体职工团结一致，尽锐出战，变压力为动力，长期扎根在大凉山生产一线，年均工作超 290 天，把心思集中在“想干事”上，把目标锁定在“干成事”上，不断探索工作方法，打造出一支关键时候顶得上，敢打硬仗、能打胜仗的“利剑”队伍。

二、主要做法

（一）闻令而“习”，习本领，育人才，让挑重担干成事成为“新姿态”

人才问题是关系公司高质量发展的关键问题，班组的队伍建设亦是如此。2022 年初，上级公司提出“人才强企”战略目标，释放出尊重人才、培养人才、用好人才、留住人才的强烈信号。

运维一班充分发挥“三才”示范引领作用，以“紧起来、动起来、干起来”的姿态，经过一年多的实践和探索，逐步形成以“学练比”活动为载体，以专业培训、考问讲解、岗位练兵为主要形式，以技术比赛、技能比武为主要内容的人才进阶模式，不断提高班组职工素质能力，保障了班组安全生产，提高了职工技能水平。班组充分发挥职工专业特长，通过“每日一刻”微课堂，积极开展“一刻钟”培训等活动，让“小细胞”迸发“大能量”。充分利用“每月一赛”平台开展岗位练兵，通过以练代培、以赛促学狠抓职工基本功训练，强化重点业务操作的熟练度。常态化开展技术问题分析会，让职工从设备原理、处理方法、事故预想方面多层次进行消化、举一反三，以缺陷点对点、面对面让职工吃透设备运行原理，从而提高设备维护技能水平。积极发动班组成员勇挑重担，将工作重点放在解决长期困扰安全生产、导致能耗水平升高的各类“顽疾”上，定期组织专题会，从缺陷现象、设备原理、处理方法等方面集思广益，各显神通，打破班组之间、人员之间的信息孤岛，不断提升全员的综合素质。目前该班组整体综合技能水平在四川公司名列前茅。

（二）闻令而“行”，行研究，解难题，让创新创效成为“新使命”

习近平总书记强调，自主创新是企业的生命，是企业爬坡过坎、发展壮大的根本。运维一班全面贯彻落实习近平总书记关于创新的重要指示批示精神，按照上级公司关于职工（青年）创新创效活动的要求，积极营造有利于创新创效活动的氛围，通过定期召开班组创新创效推进会，增强职工的创新意识，激

图 2 班组“每日一刻”微课堂

发员工的创新思维。在推动班组创新创效的进程中，班组鼓励职工挑战自我、苦练内功，并把知识和干劲运用到班组创新创效的实践之中，争当岗位小能人，勇当创新创效排头兵。

根据生产现场的重点难点，班组依托“润泽”创新工作室成立多个创新创效攻关组，大力开展技术难题攻关、精益化课题改善、“五小”发明创造及每月一次“小创新”活动。为能工巧匠搭建平台，由青年技术骨干轮流担任项目负责人，以青年职工为核心成员，鼓励职工自主完成设备改造和管理创新，不断激发职工的创新潜能。近三年来，班组通过技术攻关解决电站安装遗留缺陷、不合理设计、设备制造缺陷 52 项；开展技术创新，探索新工艺新方法，解决生产技术难题 21 个，直接增加经济效益的项目 5 个，通过技术创新为公司创造效益 100 余万元。班组全员参与研究的项目“自动盘车装置在水洛河流域电站机组轴线与水平调整中的运用”获中国电机学会电力工程建设论文大赛二等奖，“厂用电量数据分析运用”等 10 余个项目获上级公司创新创效成果奖。多名职工获得上级公司创新创效相关荣誉奖励。

（三）闻令而“破”，破束缚，作贡献，用积极进取求实效谱写“新篇章”

艰难困苦，玉汝于成。技术骨干和人才队伍培养必须以满腔热血的斗志迎接挑战。运维一班成员普遍年轻，理论基础扎实但工作经历相对单一，处理问题经验不足。该班组秉持“缺啥补啥”的原则，变缺陷不足为前进动力，从机组自主季节性小修到自主大修，从协助跑腿到独立承担，组织全体职工在一次次历练中经风雨、强筋骨、长才干，实现了技能和素养“双提升”。

运维一班鼓励职工在实干中求真知，实施设备“双主人”责任制，将厂内设备分配到每名职工，每名职工定点、定面负责设备维护、消缺工作，并实施人人轮流带班模式，打破设备专业壁垒，确保每名职工不仅精通责任区的设备检修工艺，而且掌握其他工作面的管理要求，全面提升职工全设备处理能力。该班组主动“揽活”，多次承接自主检修工作，利用大修与机组“近距离接触”机会，积极开展“师带徒”和集中培训，邀请“技术大拿”就设备拆解的技术要点、拆解流程、注意事项等问题进行详细讲解，同时采取“授课—实操—检验”的方式，打破书本式思维，不断提高职工理论与实际相结合的能力，做到检修与学习两不误。由该班组独立自主检修的固滴电站 1 号机组，同比修前增加效益约 700 万元/年。运维一班是一支特别能吃苦、特别能战斗的“利剑”队伍，跑出了自主检修“加速度”。

图 3　班组成员消除蜗壳缺陷

三、取得成效

（一）经济指标方面

该班组结合实际，以“孵化骨干人才”为目标，强化技能培训打基础，相继对固滴电站冷却水管频繁堵塞，宁朗调速器调节响应慢、灵敏度降低等缺陷进行技术改造，先后完成自主检修机组 12 台次，节约委外检修费用 400 万元。由该班组研究的“固滴水电站机组水导旋转油盆进水严重”项目，为公司减少发电量损失 414 万 kW · h，减少厂用电 50 万 kW · h，减少汽轮机油损耗 250L，增加经济效益约 90 万元。围绕该项目撰写的技术论文在《工程技术》杂志中得到发表，其技术创新还获得国家实用性专利，为行业处理同类问题提供了有效技术支撑，为公司开展精益化管理工作贡献了班组力量。

（二）人才培训方面

运维一班在创新实践中大力推进分层次、分类型、针对性强的岗位练兵，真正将班组建设成为技术人才培养基地。近三年，该班组获得国家级专利 8 个，发表国家级、省级论文 5 篇，涌现出四川省“五一劳动奖章”获得者 1 人、集团公司“技术能手”1 人、劳动竞赛先进荣誉 5 人，班组先后获得四川省“工人先锋号”、四川省“‘五小’活动先进班组”、集团公司“‘五型’标杆班组”、四川公司“优秀班组”等荣誉称号，班组有 7 名职工走上班组长及以上岗位，是公司公认的人才孵化站。

（撰稿人：程志伟）

点燃“五型”引擎　争当安全环保先锋

华电内蒙古能源有限公司包头发电分公司除脱运行五值

华电内蒙古能源有限公司包头发电分公司（简称包头公司）除脱运行五值建于 2006 年，现有员工 5 人，其中 45 岁以上 2 人，30 岁以下 3 人，有技术过硬的老师傅，也有朝气蓬勃的年轻人，是一支经验技术、创新活力兼备的队伍，承担着公司两台 600MW 机组除灰渣及石灰石–石膏湿法脱硫系统的运行工作。该班组先后获得集团公司 2022 年度“‘五型’标杆班组”、华电内蒙古能源有限公司 2020 年度“‘五型’优秀班组”等荣誉称号。

图 1　除脱运行五值合影

一、实施背景

近几年，随着国家对环保排放指标限值要求的不断严格，包头公司相继进行了相应的除尘器和脱硫系统增容改造、超净排放改造、先导输灰系统改造。

工艺更新、设备增多、参数变化使得运行方式和经验颠覆以往，各环保专业一线班组及时改变思维、开阔思路，在技术创新和运行操作、调整质量管控上不断寻求突破，班组克服人员不足、工作量大等困难，用拼搏创新精神捍卫包头公司“中华环境友好企业”的荣誉称号。

图 2　班组学习班现场学习废水系统

二、主要做法

（一）岗位培训练精兵，打造学习型班组引擎

将学习工作化，将工作学习化。坚持在日常的工作中开展丰富的岗位练兵活动，促使班组成员熟练掌握所辖系统操作及调整的业务技能。“每日一问，每人一题”，每班值班期间坚持根据现场实际生产情况和缺陷情况由班组长组织对不同岗位人员进行知识点考问和事故预想考问，每人回答后由全班成员进行讨论评价和补充，逐步扫清知识盲区，确保值班期间各类状况预想到位，应对有度。“每轮一题，自主学习”，不拘泥于试卷的形式，每轮值为每个班组成员安排一个小问题，可以是背画子系统，也可以是调整操作，各岗位人员利用一轮值的充裕时间自己查资料、自己到现场去查看、思考和总结。用最低的时间成本做到了最大的学习效率，在日常工作中把零碎时间调动起来，班组技术水平

和应急处置能力得到极大提升。班组人员虽有流动，但长期形成的扎实的技术基础和自主学习的氛围已成为班组的鲜明特色。

图 3　班组开展事故预想活动

（二）安全环保严管理，点燃安全型班组引擎

建立班组无违章档案，及时利用现场摄像头对就地操作人员进行行为分析和指挥，每轮值分析统计人员违章及现场装置性状况，每个值班期间根据班组统一分析并落实整改，将班组人员从“我要安全”推动到“我会安全”，进而到“我能安全”的状态。利用轮讲方式学习典型事故案例，扎实开展安全风险清单、隐患排查清单和设备双主人管控，严格执行“两票”管理的新要求。根据《关于开展除尘器等环保设备设施等安全风险隐患排查专项行动的方案》，结合现场实际开展每个值班期间的灰斗、脱硫剂储仓、灰库、石膏库、渣仓料位情况和固废清运车辆隐患排查，将下料故障、堵灰故障等可能发生垮塌事故的前置条件情况做出预想总结，划分班组人员责任区，制作项目检查卡，推动前置化隐患排查和缺陷处理，根据季节性特点和环保设施室外分布情况开展防火、防风专项检查，坚持“把工作做在前面，牢牢掌握工作主动权”的班组安全管理理念，为环保设施运行安全和人身安全提供不竭动能。

与此同时，除脱运行五值在经过充分调研学习和长期试验后，提出并推广

了环保参数"时显示、日核查、周分析、月汇总、年检验"的五级核查检验制度。在集散控制系统（DCS）上直接显示烟气连续监测系统（CEMS）环保排放参数小时均值；在专业内部以天为单位，核查全天环保数据；每周四分析一周环保数据；每月 1 日汇总全月数据，核查 CEMS 第三方维护人员的维护记录及环保自行监测平台的发布审核；对半年度、全年度 CEMS 报表及 DCS 曲线进行核查，为环保监测设施的故障处理与标定提供了坚实保障。

除脱运行五值凭借出色的观察和分析能力，一次次精准预判了设备系统的潜在问题，逐步起到了全天运行调整方向的矫正作用，在除脱运行专业被其他各班组称为除灰脱硫系统的"监督员"。

图 4　班组成员对设备异常问题进行讨论

（三）创新创效当先锋，点燃创新型班组引擎

除脱运行五值全体成员勤于思考，勤于实践，践行"班组精益化管理"的理念，立足岗位提出的"调整电除尘器运行方式节约厂用电""优化渣水系统运行方式，降低设备缺陷率""脱硫石灰石浆液制备系统水幕除尘器的优化"等十余项改善项目将除脱运行节能减排工作再推新高，极大地提高了环保设施运行的稳定性；"脱硫废水污泥系统改造""脱硫滤液水箱液位加入声光报警"等二十余项合理化建议的提出与实施，不断推进除脱运行专业现场实际与操作的契

合度。改善项目的提出与实施不仅创造了经济效益，而且保证了环保安全的社会效益，切实促进价值创造能力提升，推动技术经验转化成除灰脱硫系统运行的新优势。

图 5　班组日常监督运行工况

（四）降本增效立标杆，点燃管理型班组引擎

强化成本意识，聚焦精益管理。除脱运行五值坚持增强年度目标的责任感和紧迫感，在公司“烧合适的煤，发有用的电”的思想指导下，通过合理配置脱硫一二级吸收塔的浆液循环泵运行方式和吸收浆液 pH 值调控，让厂用电得到最大限度的利用。班组经过大量试验及统计，为专业在不同负荷烟气量和进口硫分下浆液循环泵经济运行方式配置提供了准确的数据支撑。在当前脱硫石灰石、氢氧化钙脱硫剂、废水零排放污泥混用的情况下，合理调配各脱硫剂配比，在气态污染物排放量控制与厂用电及脱硫剂等大宗材料消耗量两个相互制约的因素中找到最佳平衡点，使整体班组调控水平处于行业领先位置，在 2022 年环保指标竞赛中位列第一名，真正起到了标杆作用。

除脱运行五值根据实际的班组管理情况，针对安全考核、日常工作、缺陷考核、指标考核、劳动纪律等 21 项内容形成符合班组实际的成员绩效考评得分，对承担班组工作的责任人有肯定与奖励，对表现不佳的成员予以鞭策。每一位

员工都主动分担班组工作，使自身能力得到锻炼和提高，班组凝聚力和整体实力有了显著的提升。

图 6　班组成员检查设备运行

（五）文明融洽筑堡垒，点燃和谐型班组引擎

工作中的他们是行家里手，雷厉风行；生活中的他们又活力四射，欢笑奋发。班组长吕雪冬经常带着班组成员一起活动，在家也做得一手好菜，经常邀请班组成员做客。班组长上班时接班的第一件事就是检查精神状态，谁有了困难，谁状态不好都逃不过班组长的眼睛。班组成员互帮互助、经验共享，形成了良好的班组氛围，通过交流在减轻工作压力的同时也促进了班组成员之间亲切感，更形成了班组的归属感和向心力，铸就了充满活力的除脱运行五值。

三、取得的成效

（一）安全人才双提升

除脱运行五值圆满完成了各项生产指标任务，班组用恒心为除脱运行专业培养出主值班员 1 名、副值班员 5 名、巡检员 7 名，以扎实的技术水平助力人才梯队基础建设；以责任心护航班组人员“零违章”“零伤害”、设备“零事故”；以细心保障环保指标管控“零偏差”。

图 7　班组开展应急演练活动

（二）全员创新谋发展

以匠心完成“采用废水零排放系统污泥回用脱硫系统方式降低运行成本”“化学高含盐水回用脱硫系统”等创新课题，为公司节约年度生产成本 700 余万元；以爱心凝聚班组爱岗敬业合力，争当安全环保先锋，在助力企业提质增效发展的道路上稳步向前，续写华电环保人的新篇章。

（撰稿人：安皓鹏　牛　蕊）

以“三精”管理　创“一流班组”

河北华电曹妃甸储运有限公司生产操作部装船甲班

河北华电曹妃甸储运有限公司（简称曹妃甸储运）成立于 2009 年 6 月 17 日，公司定位集团公司“下水煤母港”，充分发挥“保障、存储、增值、降本”的功能，充分发挥集团公司“煤电路港航”产业链的协同作用，积极服务系统各单位，致力打造“国际先进、国内一流、安全高效、绿色智能”的煤炭专业化港口。

曹妃甸储运生产操作部装船甲班（简称装船甲班）成立于 2021 年 6 月，现有成员 9 人，平均年龄 28 周岁。班组主要负责取料机、装船机、转接塔、沿线设备的操作和巡检。该班组不断推进“精准操作，精心组织，精细管理”工作理念，坚持安全、培训、和谐氛围全面抓，紧密结合生产实际，团结协作，务实创新，以集团公司“创新奋进、奋勇争先”企业文化实践活动为指引，提升班组整体综合素质，为曹妃甸储运的高质量发展增动力。

图 1　装船甲班合影

一、实施背景

班组是企业生产的核心和文化落地的基本载体，奋斗在生产的最前线，是企业发展战略、经营方针、工作任务得以实现的落脚点。为进一步提升班组科学管理水平、增强创新管理办法，提高员工安全意识和岗位技能，增强班组凝聚力和战斗力，促进生产效率提升，装船甲班在生产实践中总结形成了一套先进的班组管理理念和方法。装船甲班以智能化操作技术、创新创效、互助协作为班组构建目标，制定了“转变作风提能力，创新奋进谋提升”的班组管理规划，推动班组管理工作全面启动。

图 2　装船甲班班组图徽

二、主要做法

（一）以精细化为核心，全面创建班组基础体系

实施“四个一”建设，即制定一套行之有效的管理制度、建立一组有针对性的班组试题库、实施一个符合班组实际的绩效考核机制、建立一支有凝聚力的队伍。将班组优秀员工“流动红旗”评比活动在部门范围内进行推广，增强部门员工在平时工作中“奋勇争先，干事创业”的浓厚氛围，在班组内全面启动“规范化管理，标准化作业”活动，全面推动操作技术的精细化、规范化管理。

启动实施“五个一”班组文化建设活动，即读一本好书、写一篇安全生产的成功案例、学一门新技能、改一种不良习惯、做一件好事情，搭建班组管理信息交流平台，发挥班组成员守正创新作用。通过“五小”、QC 活动等方式，不断优化生产各环节，召开“五小”、QC 成果发布会，为班组员工提供更加广泛的交流、沟通平台，实现班组管理成果共享。

图 3 班组工作日常学习

（二）以数字化转型为契机，不断规范作业标准

随着港口企业的快速发展，港口企业生产管理逐步向自动化、智能化和智慧化推进。班组引入现代化的管理手段，优化生产作业程序，利用远程无人值守技术实现科技减负，事半功倍，借助“网络 + 科技”更好地把减负与强能、减量与增效有机地统一起来，从实质上真正为班组减负。

在班组内全面启动“规范化管理，标准化作业”活动。各岗位员工间开展“技能比武”竞赛活动，营造“比、学、赶、帮、超”氛围。班组内部开展“无违章班组、零违章现场、不违章个人”，打造“安全型员工”的创建活动；在班组管理中导入绩效考核机制，强化班组整体执行力。

（三）以“五型”班组为抓手，不断提升工作质量

一是做好一岗三述，打造安全环保型班组。做到手指口述人人要安全，充

分调动每一位员工的积极性，激发整体安全意识、主动意识和责任意识，进一步保障现场安全生产。把案例教育和现身说法相结合，把吸取他人教训与剖析自己问题相结合，进一步强化全员对学习内容的深刻理解，举一反三，强化记忆和预防措施，防止同类型事故再次发生。安全学习用“行动”去落到实处，要求全员熟记岗位职责和岗位危险点，把风险控制在最小范围内。

二是提升综合素质，打造学习创新型班组。以“五小”、QC 活动为载体开展多种形式的职业技能培训、技能竞赛、岗位练兵等活动。QC 活动的有效开展减少了设备的空载运行时间，提升了设备的利用率和综合装船效率，同时在开展 QC 活动过程中，为员工提供学习成长的平台，增强全员自主创新意识。

三是总结经验提高质量，打造管理质量型班组。细化到底，实际为本，不断完善绩效考核机制，使其更切合班组管理体制。分析提炼完善工艺流程，做到精益求精，无规矩不成方圆，严格执行班组制度规范，明确绩效管理相关要求，从上下班迟到、巡检不认真和发现隐患不及时等问题的考核，再到月度考试成绩优异、处理异常事件妥当和及时发现设备异常的奖励，建立了有奖有罚的班组机制，同时在班务会公开、公正的管理模式充分体现民主管理。

四是分析差距，打造清洁节约型班组。采用自我对比和他人对比方法，对标分析精准定位提升不足。节约成本，打造“7S”样板，将设备的备件、工器具定点摆放，将常用与不常用的物品、器具划分位置，做到整齐规范、清晰透明，使人一目了然，提高工作效率。高质量、精密化的要求减少了浪费，节约了物料成本和时间成本。给每一位班组成员进行责任划分，大到仪器设备，小到手套都有专人进行负责整理、清洁。

五是以人为本，打造人文和谐型班组。通过微信平台、定期谈心谈话和员工思想动态调查问卷等方式，实时关注员工思想动态情况，畅通员工困惑问题反馈机制，协助解决员工的实际问题。班组和谐氛围要靠大家营造，一个小班组也是一个大家庭，在“家”中要多一些理解、多一些协作、多一些关心、多一些包容。通过营造班组“家”文化，以亲情筑起爱心家园、以亲情凝心聚力，推动班组建设。

图 4 培训与学习

（四）以人尽其才为宗旨，精心组织知行合一

班组成立“效率提升攻坚小组”，利用“五小”合理化建议、QC 攻关等活动，营造人人皆可成才、人人尽显才华的浓厚氛围。

对装船机在换向点行走速度慢的问题进行攻关，从流程、培训、设备多方面进行优化。流程上选择可以避开换向点作业的装船机；针对人员操作技能水平参差不齐的问题，进行装船机移舱作业标准交流，统一操作模式，并请老师傅进行“一对一”指导，相互学习；针对装船机高度不同的问题，与调度部计划沟通，根据船舶大小，合理选择泊位靠泊；针对曹妃甸潮汐高度差距大的问题，根据当日潮汐时间表、装船机换向点位置等多方面原因与调度部门沟通，合理选择装船机作业。

三、取得成效

自班组建设开展以来，通过班委会针对班组存在的问题，制定 QC 课题“如何提升综合装船效率”，通过分析总结、推广实施，综合装船效率提升显著，每年可多装船约 209.7 万 t，且在公司 QC 活动、“五小”成果发布会上获得优秀奖的荣誉。

班组在 2022 年度完成了曹妃甸储运月度装船效率目标要求，连续创造了四个月装船效率月度第一、两个月装船效率月度第二的成绩，未发生一起安全生产事故。

班组成员在参加 2022 年 8 月华电煤业创办的“华港杯”港航企业取料机技能比武中，班组成员姚文强获得“个人金奖”的优秀成绩。

2022 年，在班组成员的共同努力下，“五型”班组建设成绩优异，提升效果显著。班组获得华电煤业 2022 年度“‘五型’优秀班组”荣誉称号；班组值班长朱宗烨获得华电煤业 2022 年度“优秀班组长”荣誉称号；班组成员宫晨获得曹妃甸储运 2022 年度“先进个人”荣誉称号。

（撰稿人：朱宗烨　宫　晨）

做高原精神的传承人

华电科工集团有限公司新能源技术开发公司青海德令哈 100 万千瓦光储及 3 兆瓦光伏制氢项目部

华电科工集团有限公司新能源技术开发公司青海德令哈 100 万千瓦光储及 3 兆瓦光伏制氢项目位于青海省海西蒙古族藏族自治州，项目部地处海拔 3300 多米的高寒戈壁，低压缺氧，寒冷干燥，太阳辐射强。项目部现有员工 11 人，是公司驻外地项目部中一支能吃苦、敢打硬仗、讲奉献的队伍。项目部员工坚守项目一线，积极推进项目建设，在项目生产工作中充分发挥生产力和突击队作用，围绕中心、服务大局，为推动绿色转型、助力国家“双碳”目标贡献新能源力量。项目部先后获得集团公司 2022 年度“先进集体”，华电科工 2022 年度“青年安全生产示范岗”、2022 年度“安全生产先进单位”、2022 年度“‘五型’优秀班组”，集团公司 2022 年度“‘五型’标杆班组”等荣誉称号。

图 1　项目部合影

一、实施背景

项目建成后，将实现年均发电量 17.8 亿 kW • h，项目所在地海拔高、条件艰苦，环境恶劣导致人员稀缺，各岗位紧俏，但项目部仍努力将各方面工作做到位。为深入贯彻落实安全生产工作，建设安全体验馆；组织开展安全生产主题团日活动、安全生产知识培训；组织开展防疫、消防、防触电等应急演练活动；对光伏项目施工现场存在的安全隐患进行“大检查、大整改”；创新课题数字化 AI 智能监控系统，对施工现场进行实时监控、记录、识别，以保障项目安全。深入组织“质量月”活动，专题学习法律法规、图纸参数、设计要求、岗位职责、质量教育、工程验收、通病预防、冻土施工等知识，通过此类活动使员工进一步全面认识“创新提升质量，管理促进发展”。加强对项目青年员工的人才培养管理，推动青年人才成长驶入“飞行跑道”，针对青年员工组织开展技能培训及导师带徒“传、帮、带”，使新入职青年员工在工作实践中得到锻炼，更快、更好地投身公司事业发展建设中。

图 2 “质量月”技术质量专题学习

二、主要做法

（一）缺氧不缺精神

项目所在地平均海拔为 3200m，空气含氧量仅为 14%，相比于内陆地区的 20.8%，少了三分之一，寻常人难以适应这里的环境。电气专业工程师梁岩刚从越南项目调到德令哈项目时，因高原反应头痛乏力，但年底并网任务紧张，27 回集电线路需逐个调试，根本没有时间让他慢慢适应。白天施工任务紧张，线路调试工作被安排在夜晚，12 月德令哈气温已经快降到 –20℃，戈壁滩上更是吹着刺骨的寒风，但新能源人的专业精神促使着梁岩每晚到现场指导线路调试工作，终于在 12 月 28 日完成首次并网任务。

图 3　德令哈项目首次并网

（二）艰苦不怕吃苦

2022 年 4 月，土建专业工程师胡学谦刚到德令哈，还没来得及休整就投入到现场。德令哈一期项目桩基总数约 35 万根，现场质量管理从点位复测、成孔验收到桩基浇筑，都需要层层把关。项目规划用地约 1775hm^2，三个标段同时开工，每天早上 8 点从项目部出发，常常因现场工作导致返回时饭菜早已冷掉，但胡学谦简单扒两口果腹后又进入工作状态。7 月底一期项目土建基本完工，刚准备休假回家的胡学谦，却因突然暴发的新冠疫情被困在了这座城市，没有抱怨也没有懈怠，他开始了二期项目的前期准备及土建施工管理工作。直至年底，德令哈二期项目土建施工完成 12 万根，现场具备首批并网条件，他才赶在小年夜前回家向父母报一声平安。

图 4　桩基点位复测

（三）海拔高境界更高

2022 年 8 月 8 日，西藏自治区暴发疫情，病毒顺着青藏铁路将德令哈这座城市变成了孤岛，为了保证现场正常施工，项目经理张伟科带领项目部全员进入抗疫状态。场区封闭管理，距离市区 30km，生活物资难以供应，项目部赵成刚主动联系市政府要求开通绿色通道，并自掏腰包垫付食物饮水费用，随后根据各参建单位上报现场人数将食物分发、收据公示，保障了施工人员的正常生活。现场进度不断推进，物资材料却无法进场，项目部李立辉每天与防疫办沟通交流，终于得到物资进场许可。为此，他必须每天早上 5 点前往项目部 20km 外的防疫关卡为进场货车全面消杀、贴上封条，然后安排人员全程跟车，避免司机下车，每天至少有 50 辆运输车辆进场，他都必须逐个把关核对信息，稍有不慎就会导致项目全面停工。到了晚上 12 点辛苦一天的李立辉又得在电脑前打电话统计明天进场车辆信息并上报，为第二天的忙碌做准备。按照德令哈市政

府要求，场区内每周需要进行 3 次全员核酸，项目部丁长心需要提前一天将场区内 2000 余人的数据统计核实，将防疫人员需要的隔离帐篷和排队护栏带设置到指定位置，将需要用到的口罩和防疫服分发给相关协助人员，将分批检测的顺序通知到场内各个单位负责人，第二天他又第一个出现在维持秩序的位置上，临时采购的小喇叭都用坏了两个，他只能自己喊，以确保前来做核酸检测的工人们保持间距、扫码登记。在项目部全员的努力下，德令哈项目终于熬过了最困难的时期，但项目部成员却不居功自傲，而是继续投入自己的工作中。

图 5　进场材料消杀

三、取得成效

为保障项目进度，项目部班员上下一心、集思广益，结合现场实际情况和往期施工经验，对现场装载机车斗进行改装，利用装载机跨越场区地形将混凝土运至施工方阵进行浇筑。青海德令哈 100 万千瓦光储及 3 兆瓦光伏制氢项目是中国华电首批大基地项目，也是华电科工精品工程重点项目。该项目场区位于德令哈市西出口光伏光热产业园区，装机容量 100 万 kW，分别由“大基地”50 万 kW 光伏工程和“揭榜挂帅”50 万 kW 光伏工程构成，配套建设一座 330kV 升压站及一座 150MW/600MW·h 的储能电站（国网青海省电力公司代建），同步新建一座 3MW 光伏制氢站。

图 6　样板区施工技术交底

“大基地”项目主体工程于 2022 年 3 月 15 日正式开工，桩基总量 348128 根，“揭榜挂帅”项目于 2022 年 9 月 15 日正式开工，桩基总数量 346784 根，设计桩径为 200mm，设计桩长为 1100mm（前排桩）/1300mm（后排桩），桩头外露 150mm，每根桩基混凝土设计方量为 0.03925m^3（前排桩）/0.04553m^3（后排桩），同一组串支架，同排桩基间距 4m，前后排间距 2.6m。

因现场地形条件复杂，单根桩基混凝土方量小，桩基间距较大，混凝土运输和施工人员工序衔接是推进桩基础施工的重点。由于场区内多处因洪水冲刷产生的冲沟，地形起伏不平，除已规划的场区检修道路外不允许场地平整施工，混凝土罐车无法驶入方阵内直接浇筑，现场配合使用的手扶小推车效率低、人工花费大，不能满足施工需求。项目部根据现场情况，提出改装现场设备用于混凝土浇筑的想法。

场区内主要施工设备有孔机、装载机、叉车、挖机等，经过对比分析，选择装载机同时满足跨越复杂地形和混凝土运输的要求。在装载机料斗底侧安装一套可手工控制的排料管道，管道端口设置八字形开口，安装圆形刀闸，利用螺栓固定，手动控制混凝土放料，同时利用装载机动臂及摇臂控制混凝土落差。浇筑过程中利用混凝土的自重下料，实现混凝土浇筑、运输的连续性，从而提高混凝土施工效率。刀闸卸料装置投入使用后，提升了浇筑效率，减少了人力运输混凝土过程中的繁重劳动，现场施工组织安排更加合理有序，桩基础施工质量及进度得到保障。

直到现在，德令哈项目部全体成员赓续发扬高原精神，缺氧不缺精神、艰苦不怕吃苦、海拔高境界更高，在工作中不断增强责任感、使命感，践行脚踏实地、苦干实干的工作作风，全面推进创新奋进、奋勇争先，弘扬“同·创”文化，为德令哈二期项目全容量并网积极奋战，努力向集团公司首批大基地项目的建设献上一份圆满的答卷。

（撰稿人：张永国　胡学谦）

基一篑之土　成千丈之峭

华电湖北发电有限公司黄石热电分公司检修维护部热控班

华电湖北发电有限公司黄石热电分公司（简称黄石公司）检修维护部热控班（简称热控班）是一支素质过硬、充满朝气的年轻队伍。现有职工 8 人，平均年龄 32 岁，本科学历 6 人，中共党员 2 名，党员发展对象 1 名，入党积极分子 1 名。热控班主要负责黄石公司 210 号机组的分散控制系统（DCS）、炉膛安全监控系统（FSSS）、总燃料跳闸（MFT）、汽轮机紧急跳闸系统（ETS）等重要保护系统，以及所有就地热控设备的日常维护、消缺及检修、技改管理等。步履因实干而铿锵，人生因奋斗而精彩。热控班始终将“五型”班组作为日常工作的灯塔，开拓进取、勇于创新，为企业高质量发展作出贡献。

图 1　热控班合影

一、实施背景

自创建“五型”班组以来，热控班积极引导班组成员立足本职岗位，树立

爱岗敬业意识、艰苦奋斗精神和安全工作观念，全面提高自身素质，务实劳动、无私奉献，争创一流业绩，为加快电力工业发展作出新的更大贡献。

二、主要做法

（一）抓技术培训效果明显，创“学习型”班组

热控班建立鼓励青年员工学技术、强素质的长效机制，班组成员岗前岗中技能训练必须接受系统培训，每人每月一课题，以 PPT 形式给班组讲课，然后对学习人员进行评价，并实现季度考核，年终总评。组织各种安全生产知识与技能知识培训，促进了班组成员知识水平与业务水平整体提高。

方法上坚持“内培为主、外培为辅”的模式。内部培训采取自学与集中学习相结合的方式，以现场教学为基础，与理论知识相结合。每年组织一次“技术比武”，积极营造“提高业务水平，做知识型员工”的良好氛围。外部培训是在基于部门制度上的要求，班组长组织员工讨论学习的课题方向，再将外面包括厂家和华电电科院在内的老师请进班组进行现场教学指导。班组还自主开发了员工测评系统，每周安排员工进行答题，帮助班组成员更好地提高理论知识。

图 2　热控班请厂家进行 DEH 系统培训

班组积极开展师徒结对帮扶活动，并一对一签订“师徒协议”，定期组织班组成员进行业务技术交流，将在工作中遇到的问题及获得的经验互相分享、互相学习，提出新的意见和建议，共同发展，一起进步。

图 3　热控班成员一起学习 DCS 组态编辑

创建班组安全学习角，有力拓展管理新方式。建立热控班安全学习角，通过图书、多媒体、文件资料等诸多元素，将学习、工作内容可视化、具象化，大大提高了班组成员的积极性、主动性，寓教于乐的同时，工作效率有了明显改善。在平凡的工作岗位上，班组成员任劳任怨，曾多次荣获集团公司、黄石公司表彰，班组研究的“减少 210 号机组烟温挡板执行器故障次数”“提升 210 号机组脱硫 DCS 的系统可靠性”“培训管理网络信息化”“降低 210 号机组烟气入口环保 CEMS 表计故障率”“热控班巧用二维码创新管理定巡检工作”等 QC 科技创新创效课题多次被黄石公司授予优秀成果奖项，2022 年班组发布的 QC 课题“降低环保主机故障”，被评为黄石市 QC 成果发布二等奖，同时班组获得湖北省“优秀质量管理实践标杆”的称号。

（二）抓安全工作不放松，创“安全型”班组

安全工作是一项常抓不懈的工作，不能有任何侥幸心理，不能有丝毫麻痹。热控班在安全生产中，遵章守纪，按章作业，积极和违章现象做斗争，发现安

全隐患及时汇报处理，对不安全事件的处理严格执行“四不放过”原则。班组通过安全知识培训使全员充分认识到安全的重要性、长期性和艰巨性，增强了安全生产工作的紧迫感和责任感。班组成员坚定扛好能源保供政治责任，坚守安全底线，筑牢安全防线，着力防范化解安全风险，进一步细化应急预案措施，全方面提升了班组员工应急突发事件处置能力。在日常的巡检工作中，班组合理地运用“巡检卫士”App，“巡检卫士”App 是一个基于移动互联网的云巡检服务平台，其拥有固定点巡检、移动点巡检、离线式巡检、微信巡检等多种应用模式，具有简单、易用、智能、高效的特点，无须购买任何硬件设备，仅通过手机便可有效监督巡检人员是否及时到位，有效避免漏检情况发生，图文并茂真实记录现场实际状况，及时发现并解决隐患问题。

图 4　热控班检查 DCS 机柜电源模块

（三）做实文明生产，创“清洁型”班组

热控班要求全体班员牢固树立“清洁发展”的理念，以“促进班组与环境协调、实现班组清洁生产”为目标，严格履行环境保护目标责任，防止环境污染；在班组进行维护工作的过程中，努力做到文明生产、清洁生产，努力把热控班建设成岗位清洁、设备清洁、环境清洁的“清洁型”班组。班组严格落实

环保责任，在巡检中加入清洁巡检的理念，发现污渍及时进行清理，做到重点易污染部位及时清理。班组注重培养自主清洁的理念，全面治理岗位清洁隐患，将班组现场管理和岗位标准化进一步提高。

（四）争创节约型企业，创“节约型”班组

热控班一直在培养勤俭节约的良好作风。在日常工作中，班组长经常向员工强调节能降耗，要求所有员工要养成“修旧利废”的工作作风。在生产现场消缺，首先要考虑的是能否修好，而不是更换设备，班组长亲自带头，以身作则，经常在班组的校验室维修设备。另外，班组还自研了“班组管理系统”软件，实现班组管理的无纸化，解决部门与班组之间管理脱节的问题，实现部门和班组的高效沟通，便于部门对班组工作检查和指导，此软件目前已在黄石公司推广。

图 5　热控班班组长进行分屏改造

（五）抓小家建设、温暖和谐，创“和谐型”班组

热控班积极引导班组成员树立“五好”意识，即好的安全意识、好的纪律意识、好的大局意识、好的荣誉意识、好的团队意识。好的安全意识能为班组

的安全生产管理创造良好的基础，为班组安全生产提供保证；好的纪律意识能真正保证班组管理的政令畅通；好的大局意识能统一员工思想，克服看待问题片面、消极等现象；好的荣誉意识可以激发班员集体荣誉感，进而增强工作积极性和主动性；好的团队意识是一个集体的力量源泉，只有具备了好的团队意识，才能发挥战斗堡垒作用，才能形成凝聚力和战斗力。

关心员工，让员工时刻感受到家的温暖。建立班务公开制，定期将班组成员召集到一起交流工作经验，将一些好的工作经验及方法分享，让每一个班组成员从中受益。同时，热控班组拥有自己的一股团员力量，这支团支部是一个朝气蓬勃、充满活力和正能量的基层团组织，具有很强的号召力和凝聚力。在公司党委、团委的领导下，热控班青年紧紧围绕检修部党支部中心工作，积极配合公司开展各项适合团员青年特点的主题活动，如篮球赛，模特大赛等。

班组青年自发组建青年志愿者团队，充分发扬“团结、友爱、奉献、互助”的志愿者精神，积极投身黄石市双创建设工作中。在黄石市二医院路口开展幸福斑马线站岗执勤活动，传播安全文明的交通理念；与包保社区延安岭社区结对，开展团员青年进社区义务活动，打造社企共建新模式，进一步增强社区群众获得感、幸福感、安全感。2016 年至今，热控班青年成员经常利用自己业余时间积极主动参加黄石公司团委献爱心活动，在天虹社区帮扶退休老职工、帮扶阳新县四胞胎、河南水灾捐款及新疆贫困儿童扶贫等爱心活动中展现当代青年的担当与作为，尤其是帮扶阳新县四胞胎爱心活动荣获中国华电“度度关爱”优秀奖项，并入选集团公司社会实践案例。每逢春节、“学雷锋日”和儿童节，热控班的团员青年都要带上学习用具和慰问品去看望孩子们，同时还根据孩子们的实际需要开展一系列爱心帮扶活动。四个孩子已经与热控班的团员青年结下了深厚的感情，同时这些孩子的每一步成长也都牵动着热控班的团员青年的心。在未来的日子里，热控班的团员青年会进一步弘扬光荣传统的志愿者精神，通过自己的微薄之力为孩子们带去关爱与温暖，持之以恒地服务企业、回报社会，传递黄电正能量。

三、取得成效

热控班的班组建设工作成效显著，2017 年荣获湖北公司“青年文明号”称号；2018 年“培训管理网络信息化模式的构建与实施”荣获厂部创新工作总结暨成果评审会二等奖；2018 年荣获黄石公司“青年突击队”称号；2018 年度荣获湖北公司“青年文明号”称号；2019 年荣获湖北公司“优秀班组”称号；2019 年荣获集团公司 2018 年度“‘五型’标杆班组”称号；2019 年荣获湖北公司“‘五型’班组”称号；2020 年荣获黄石市“青年文明号”称号；2020 年荣获黄石公司“优秀班组”称号；2020 年荣获黄石公司“本质安全型五星班组”称号；2020 年荣获“全国青年安全生产示范岗”称号；2021 年荣获湖北省“工人先锋号”称号；2022 年荣获集团公司“‘五型’标杆班组”称号。

创建“五型”班组是团结、凝聚、带领班组成员立足岗位建功立业的有效形式。通过创建活动，旨在组织和引导班组成员加强政治理论和业务技能学习，并在学习中注重与实践相结合，始终保持与时俱进、开拓创新精神，坚定正确的理想信念，树立良好的学习习惯和生活态度。让班组在“五型”班组的旗帜下凝聚力量，为电力行业的发展奉献赤诚的忠心和火热的青春。

（撰稿人：金　伟　罗　拓）

提炼“五色”理念　打造“五型”标杆班组

华电福新广州能源有限公司运行二值

华电福新广州能源有限公司（简称广州公司）运行二值现有职工 8 名，平均年龄 26 岁。班组主要工作是对全厂各主辅机设备进行操作、巡检，完成公司下达的生产任务目标。该班组在工作中，发扬钉钉子的精神，坚持以安全第一为原则，以精湛技术为保障，以卓越指标为目标，严格落实各项管理制度，确保完成各项指标；在生活中，坚持以人为本，互助互爱，构建和谐的班组氛围，让班组成员感受到家的温暖，携手共创美好未来。

图 1　运行二值合影

一、实施背景

运行二值成立于 2019 年 7 月，是运营国内首台 H 级重型燃气轮机、单机容量最大的冷热电三联供项目最早成立的班组之一。班组成立之初，成员多数为2017、2018届毕业生，存在着实际工作经验与班组建设经验不足的问题，特别是在H级机组在国内没有相关运维经验的情况下，随着班组成员部分转岗，人员变更大，诸多问题不断涌现成为影响班组发展的重要因素。

在此情况的基础上，运行二值立足本职、勤奋务实，依托“五型”班组管理细则，寻找班组建设的新方向，找出适合班组发展建设的新道路。不断提升管理质量、强化安全管理、推进技术攻关、优化运行方式、提高经济水平，创新奋进、奋勇争先，将理论和实际相结合，激发班组内部的建设活力，形成不断向前的良性循环，打造“五色”班组文化（红色代表党旗飘飘、红色传承；蓝色代表令行禁止、安全保证；橙色代表和谐民主、清风正气；绿色代表清洁高效、绿色环保；紫色代表人人为师、以教促学）。

二、主要做法

（一）点燃红色引擎，全面创建“无违章班组”

安全生产责任重于泰山。运行二值组织班组成员深入学习宣传习近平总书记关于安全生产重要论述和党中央、国务院关于安全生产重大决策部署。党员发挥先锋模范作用，青年突击队领旗承诺，深入开展“无违章班组”“青年安全生产示范岗”“人员零误操”等一系列活动。将班前巡检、交接班过程中及值班期间的各项检查和工作要求细化到个人，将检查项目、安全注意事项明列清晰，力争做到交接无缝隙、安全无死角；组织编制班组“两措”计划，严格执行反事故措施，利用值班期间及专项安全生产大检查，严格排查生产现场安全隐患，开展风险分析，跟紧设备消缺，将事故消除在隐患状态；严格执行“两票三制”，切实落实好监护人的监护职责，以规则为准绳，杜绝“三违”事故发生；坚持每轮学班将政治理论学习与安全学习相结合，注重理论联系实际，总结当班期间的安全风险，认真学习典型电力安全事故的分析报告，充分利用仿真机定期组织开展事故演练与仿真模拟；加强个人安全档案管理，真实记录各安全隐患并及时排查整改，增加个人安全事故及隐患在绩效考核中的比重等。通过一系列安全生产管理提升活动，使班组成员学习安全防护知识、增强

安全防护意识、树立安全生产理念，将“安全无小事，责任泰山重”的理念深入工作、刻入脑海，坚决杜绝违章事故的发生，确保实现班组安全生产零违章、零事故的目标。

图 2　交接班站班会工作安全交底

（二）完善制度强管理，全面提升班组管理能力

班组是企业管理的基础，班组建设的好坏直接反映企业管理的水平，企业的任何管理活动最终都要依靠班组这个平台来实现。完善班组管理，健全各项管理制度并落到实处。把集团公司“五型”标杆班组作为提升班组管理和效益的出发点和落脚点，以《中国华电集团公司广东公司“五型”班组建设管理办法》为指导和依据，加快提升班组管理科学化、制度化、规范化水平。班组各项管理制度应有法可依、公开透明、科学合理、条理清晰、管理流畅，各班组成员做到权责分明，各司其职。

运行二值从安全管理、文明生产、生产管理、民主管理四方面入手，建立起完善的质量管理制度。通过提升班组管理水平，达到优化各项生产经营指标、激发班组活力、提升班组绩效、推动员工与公司共同发展的目标。安全目标层层分解，落实到个人。部门与班组，班组与个人签订安全生产责任书，明确各级安全目标，并制定措施。召开班前班后会，结合当班运行方式和工作任务，做好危险点分析，布置安全措施，交代注意事项，总结讲评当班工作和安全情况，表扬好人好事，批评忽视安全、违章作业现象，做好记录。针对节假日、季节性开展安全检查，找到各类缺陷中的共性问题，提升安全管理能力，确保稳定运行。

运行二值积极推动民主管理，成立了一个由“五长一人”组成的班委会，积极发挥班委会的职能作用，每月定期召开民主生活会，及时掌握班组成员工作及思想动态，合理制定适合班组的自主管理规定，并提交班组全员工作例会通过。通过设立意见箱征求成员对班组建设的意见和建议，做到勤交流、多沟通、共商量、同决策、同改进，使班组真正做到事事有人管，事事有人干，班组的凝聚力、战斗力、亲和力有了明显提高。

图 3　组织生活会上运行二值成员积极发言

（三）岗位练兵精队伍，全面提高班组成员技术技能水平

持续强化班组培训学习。根据生产实际，着重加强技术培训，制定年度培训计划，将工作分解到月、周、日，任务落实到人，每轮班解决一个分系统的学习与考核，不定期组织技术问答、现场考问，了解班组成员的技术水平与专业能力，以便有针对性地组织培训计划。通过技术讲课、事故预想、仿真模拟、

组织技术比武、师带徒等多种培训形式，形成班组内浓厚的学习氛围，提升组员的专业技术水平，力争使班组每位成员在完成本职工作的基础上，具备胜任高岗位工作的能力。

图 4　技术讲课提升专业技能

（四）技术创新谋发展，全面推进创新创效活动开展

注重科技创新，针对数字化电厂建设过程中所遇到的新问题，积极开展 QC、“青橙五小”、合理化建议活动，研究生产过程中的难点、痛点，加强技术攻关，提升机组科学化、合理化、智能化水平。

运行二值依据理论上的可行性与现场设备的实际情况，本着提升设备可靠性、降低机组运行成本的原则，在创新创效、节能降耗方面狠下功夫，针对性地提出了闭冷水系统、开式水系统及真空泵工作液冷却水设备的新运行方式。

班组成员牵头负责的“9H 级燃气机组冷却模块建模”创新创效课题被评为广东公司 2021 年度职工创新创效成果三等奖，参与实施的“9H 燃机数字电厂的建设和应用”创新创效课题获得广东省电力科学技术进步二等奖和集团公司 2022 年度科学技术进步三等奖。

图 5 公司领导林乐超参加并指导运行二值创新创效活动推进会

（五）人文关怀促和谐，全面提升班组成员的归属感与幸福感

一个班组就像一个家庭，只有家庭和睦，才能团结奋斗。广州公司运行二值不定期组织职员喜闻乐见的文体活动，展现华电大家庭的温暖与关怀，提升员工的归属感与幸福感，力求在工作之余、权责之外，构建一个温馨、和谐的职工小家，使每名班组成员工作时安心、休息时舒心。

图 6 运行二值清远古龙峡团建

作为新时代的接班人，勇挑社会责任是每一位央企员工的责任和担当，运行二值坚持以“奉献、友爱、互助、进步”精神作为青年人的担当，积极参与志愿服务活动，为他人奉献一份爱心，为社会贡献一份力量。

图 7　运行二值积极参与青年文明号用电安全宣传活动

当我们享受家庭的温暖和欢欣时，却还有许多家庭和儿童在为解决温饱挣扎，为弘扬中华民族扶危济困的传统美德，助力乡村振兴、推进精准扶贫，展现中国华电“度度关爱”的人文关怀，运行二值主动发起了名为“春雨行动”的爱心帮扶活动，联系了一名贫困家庭儿童作为爱心帮扶对象，帮扶至其学业结束有经济能力。帮扶期间由运行二值每月自行集资作为帮扶对象的生活费，不定期寄送学习生活用品、定期走访慰问、持续开展心理辅导，使其不因家庭困难而失去求学机会，成为未来孤立无援的社会弱势者，以实际行动展现了华电人的责任与担当。

三、取得成效

广州公司运行二值成立以来，深入学习贯彻习近平新时代中国特色社会主义思想，以“五型”标杆班组创建规范为指导，着力打造红、橙、蓝、绿、紫“五色”班组文化。工作中，坚持以安全第一为原则，以精湛技术为保障，以卓越指标为目标，不断强化班组政治理论学习，持续提升班组人文管理，深入开展“无违章班组”创建活动，大力开展节能降耗技术攻关和运行指标优化竞赛活动，并取得一系列优异成绩。2020 年获评增城区“青年文明号”称号，2022 年获评广东公司“青年文明号”称号；2021 年获评广东公司 2020 年度“‘五型’优秀班组”称号，2023 年获评 2022 年度集团公司“‘五型’标杆班组”称号；2022 年获得广州公司安全生产一等功 1 次，获得 2022 年度运行部小指标竞赛第一名；创建的创新创效课题“机组节能运行优化”获得 2022 年度广州公司创新创效成果一等奖。

春风浩荡满目新，扬帆奋进正当时。广州公司运行二值牢记嘱托、奋发图强，着眼当下与未来，以“建设世界一流能源企业标杆班组”为目标，谨记各级领导的殷切嘱托与亲切关怀，不忘初心，奋勇前行。运行二值坚信，在平凡岗位上认真做好自己做的事，拼搏奋进、笃行不怠，就可以创造不平凡的价值，在公司创建“先行区示范者”的征程中贡献智慧和力量。

（撰稿人：乔健恒）

“三新”管理模式创建“五型”先进班组

华电能源股份有限公司牡丹江第二发电厂热工机控班

华电能源股份有限公司牡丹江第二发电厂（简称牡二电厂）热工机控班成立于 2010 年 7 月，班组现有员工 7 人，负责两台 300MW 机组热工设备运行维护检修任务。热工机控班是一支政治素质过硬、充满活力的年轻队伍，班组人员配置老中青相结合，工作作风硬朗，面对工作中遇到的难题，班组员工集思广益，勇于打破传统思维模式，学习创新，敢于创新，坚持开展头脑风暴，秉持“万事皆能”的态度，攻克许多项技术难题。班组秉承创新理念，开展了“五小”创造发明，修旧利费和 QC 成果等多项活动。班组获得 2020 年黑龙江质量协会“质量信得过先进班组”、2022 年华电能源“‘五型’优秀班组”荣誉称号。

图 1　热工机控班合影

一、实施背景

热工机控班自成立以来，始终将电厂安全、稳定、经济运行作为班组工作的首要目标。随着班组经验丰富的员工老龄化，人员流动大，加之新进厂的大学生技术水平薄弱，导致班组员工出现技术断层，建制严重缺员，成为制约牡二电厂发展的重要因素，也成为班组建设难以深入开展的原因。结合牡二电厂检修维护经费不足，无法及时更换新设备的客观情况，热工机控班从“三新”方面出发，提高班组建设。

二、主要做法

（一）技术创新新理念

班组提出技术创新新理念，面对现有不合理、缺陷等问题，勇于质疑，善于发现，不断创新。技术创新实施过程突出一个“敢”字，即敢想、敢说、敢做。技术创新的另一个关键字是“难”字，因为难很多人望而却步，但这也正是技术创新的关键所在。

技术创新首先要解放思想，打破墨守成规的工作方式，树立“人无我有，人有我优，人优我独”的意识。鼓励班组成员发现问题，提出解决方法，将老员工的成熟稳重与新入厂大学生的跳跃性思维相结合，以保证发电厂安全、稳定、经济运行。

1. 修旧利废

通过多个废旧设备互拼零件组成备件，解决了检修维护经费不足造成的困难；改造当前废旧的易坏设备设计不合理的部分，使得废旧设备可重新使用并且耐用性大幅提升，例如修复采样泵、蠕动泵、汽水分离器和电动执行器等设备，改造烟尘分析采样仪吹扫阀，脱硝探头在烟道迎风和氨逃逸测量杆加装防磨保护罩。

2. QC 活动

班组成立 QC 小组以来，攻坚克难，多次发现机组所出现的问题，小组通过充分分析、探讨，利用 QC 活动提出解决方法，并成功应用到实际生产过程，

图 2　开展修旧利废活动研制缓冲快接装置

例如“提高 8 号机组 TSI 测量系统可靠性”“提高 9 号机汽轮机保护可靠性”“优化 SCR 烟气脱硝喷氨自动控制策略”“提高 9 号炉汽包水位测量准确性”。

图 3　技术改造作业前安全措施交代清楚

（二）安全技术培训新方法

安全与技术相辅相成，没有安全主观意识，哪怕技术水平再高也是行走的“定时炸弹”，所以，班组安全教育培训和技术教育培训两头抓。

在安全教育培训方面，通过督促检查、分析讲评，充分利用班前会上的安全经验分享、安全宣讲，宣贯安全生产知识，提高班组成员警惕性，树立自主的安全意识，将安全掌握在自己手里。对员工进行“早教育、早提防”，让安全意识深入人心，做到员工 100%生产前接受安全教育。从接班开始，除了要求员工劳保穿戴整齐，班长还会细心留意每一个员工的情绪，如果哪个员工情绪低落，班长就会主动上前和他聊天，了解员工心理情况，稳定员工情绪，做好思想疏导工作，保证生产工作稳定进行。

在技术教育培训方面，通过特长分享、情景再现，使得一人处理故障全员得到学习。班组将员工一线生产技术资料汇编成册，方便每位员工学习，帮助新进班组员工快速上手一线生产技术。班组一方面通过常规技术教育培训方式为班员打好基础，另一方面通过员工相互“唠嗑”式的交流，无时无刻相互学习各自擅长的技术。除此之外，班组还着重培养员工自主学习的意识，避免被动学习带来的效率低下问题，提升学习效率。

图 4　结合现场实际问题开展技术培训

（三）班组建设新风貌

班组的每一个员工都是班组建设的地基，只有地基牢固，班组这座高楼大厦才能稳如泰山。培养班组员工的共同体意识，不仅仅是培养大家荣辱与共的

团体意识，也需要有共同进步的分享意识。

班组根据工作特点和需要，把安全文化建设和安全生产工作紧密结合，创造性地开展班组安全文化、亲情文化、感恩文化建设，建立班组文化园地、亲情档案，建立图书角，为员工创造良好的工作、学习环境。

思想方面，班组党员充分发挥作用，用实际行动感染着班组员工，在党员的带动下，班组多名员工积极下载“学习强国”App，每天利用闲暇时间进行学习，增强意识形态，升华思想境界。

进一步强化班组及周边环境污染的预防和控制方面，班组牢固树立环保意识和清洁发展理念，严格履行环境保护目标责任，执行牡二电厂有关生产管理制度，并以“现场清洁、设备清洁、资料清洁、仪容清洁”为标准，将清洁生产贯穿班组生产的每个环节、每个步骤，做到“工完、料净、场地清”，实现全过程文明生产、清洁生产。

班组管理方面，在班组成员共同的努力下，设备稳定性大幅提升，班组日常维护任务减少了，班组成员有更多的精力投入班组建设中。创新理念进一步升华，班员更愿意投入班组建设中，大家利用业余时间组建班组理念墙、图书角，并通过清理死角等活动，保持班容班貌干净整洁。员工在安全优美环境下工作更加舒心，工作效率也明显提高。

图 5　班组图书角舒心的读书环境

三、取得成效

随着创新工作顺利开展和一个个难关的攻克，员工的自信心增强了，班组的责任感、荣誉感也增强了，班组建设管理方法和经验也显著提升。

在技术培训方面，班组一方面扎实基础培训，采取名师带徒、一帮一等培训方式；另一方面创新思路，用葵花宝典法（傻瓜手册）、消缺导图法等，快速提升新员工专业技能，树立在工作中克服困难的信心，消除在现场的恐惧感、排斥感，提升学习专业兴趣。

经过班组共同努力，班组建设在多方面取得成绩。班组先后策划开展了以“提高 9 号机汽轮机保护可靠性”“优化 SCR 烟气脱硝喷氨自动控制策略”“提高 8 号机 TSI 系统测量准确性”“提高 9 号炉汽包水位准确性”等为课题的 QC 活动，并且连续多年获得企业 QC 成果一等奖、省 QC 成果优秀奖，并获得 2020 年黑龙江省百家企业创新成果大赛一等奖、2021 年首届全国电力企业班组创新大赛一等奖、2022 年水利电力 QC 成果三等奖、华电能源技术创新一等奖、2022 年黑龙江省百家企业创新成果大赛一等奖。

伴随着班组建设的进一步跟进，近年来，班组先后获得华电能源“‘五型’优秀班组”、黑龙江省“质量信得过优秀班组”荣誉称号。班组成员也获得“无违章先进个人”、厂“劳动模范”、厂季度“优秀员工”、厂季度“优秀班长”等荣誉称号。荣誉的获得是对班组的肯定，更是对班组今后更好工作的鞭策。

“三新”管理模式的开展，促进班组在新时代下开启新旅程。班组建设工作具有长期性、系统性，要随着形势的发展不断创新、与时俱进，不断完善各项相关制度，任重而道远。班组将继续积极探索新思路、新方法，增强班组生命力和感召力，使班组的创建内涵不断升华，使班组的战斗力、凝聚力更强。

（撰稿人：朴永达　田　昊）

坚持新发展理念　实现班组管理提升

辽宁华电铁岭发电有限公司化学分厂水环保班

辽宁华电铁岭发电有限公司（简称铁岭公司）化学分厂水环保班（简称水环保班）现有职工 11 人，其中高级工程师 1 人，工程师 5 人，技师 2 人，主要负责全厂的水汽质量监督、化学技术监督和脱硫环保监督工作。水环保班是一支团结向上、充满活力的队伍，班组积极践行新发展理念，以班组文化为载体，不断提高班组凝聚力；主动作为，以解决生产实际问题为切入点积极开展创新创效活动；创新培训方式，助力职工技能提高，有效提升班组管理能力。水环保班先后被集团公司授予"'五型'标杆班组"和"工人先锋号"称号，还荣获金山股份"巾帼建功示范岗"称号和铁岭市"三八红旗先进集体"称号。

图 1　水环保班合影

一、实施背景

党的二十大报告强调，贯彻新发展理念是新时代我国发展壮大的必由之路，水环保班立足新时代新征程，将“创新”作为引领发展的第一动力，坚持创新发展，把创新贯穿每一项工作，让创新引领高质量发展。作为新时代的国企员工，要认真践行党的二十大精神，积极践行新发展理念，在工作中脚踏实地，把新发展理念融入班组建设当中，不断创新发展，助力班组管理提升。

二、主要做法

（一）创新，助力学习效果提升

班组是完成生产任务的实体，而完善的理论知识和精湛的操作技术是优质完成生产任务的保证。通过学习不但可以扩展员工的知识面，学到更多、更新的技术，还能够使理论和实践相结合，切实提高员工的操作技能和解决实际问题的能力，从而更好地工作，实现个人价值的升华。

1. 创新培训方式

随着供热、环保监督工作的完善和加强，水环保班的工作量不断加大，近两年来陆续补充一些新人，也采购了一些新设备。为适应新设备、新技术需求，尽快提高新人业务技能，班组大力开展培训创新和“以老带新”活动，帮助新进员工快速提升技能。以往的技术培训是以讲授专业知识为主，为了尽快提高员工技能，班组在技术培训课堂上让技术骨干和老师傅讲授其在工作中的经验和教训、传授工作小窍门等内容，尽可能使新员工迅速得到提高，在工作中少走弯路；采用现场培训，以老带新，发挥老师傅和“技术大拿”的“传、帮、带”作用，师傅现场边示范边讲解，做到有问必答；通过开展多种形式的技术交流、比武和课题研究等活动，在互相切磋中交流经验，促进技术提升，使人人成为行家里手，确保化验数据快、准、精。同时，他们还把新技术和培训相结合，在培训中引入了 AR 全景培训，使员工能够在影像中深入虚拟实地进行体验，让体验者亲身感受工作的过程和工作过程中可能发生的各种危险场景，增加了学习内容的形象性与趣味性，使培训更具效果。

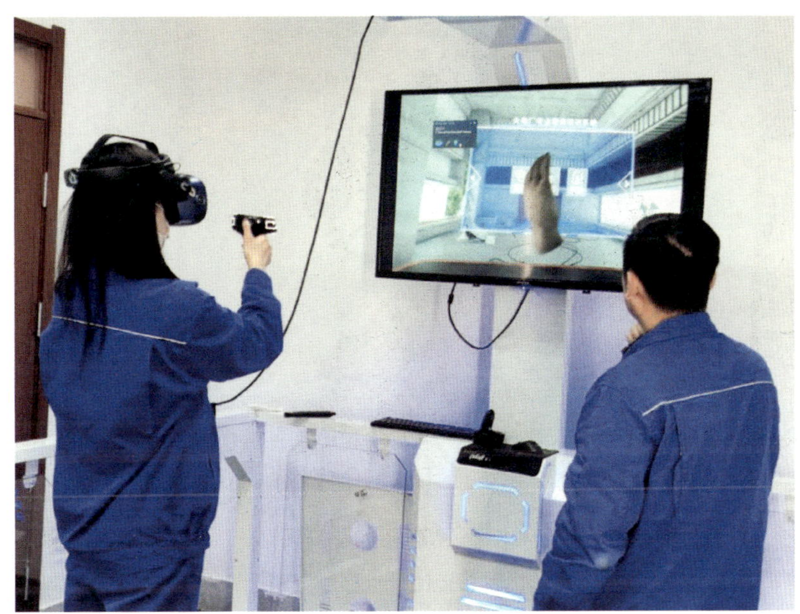

图 2　班组员工开展 VR 实景培训

2. 集中学习和个性化学习相结合

除了集中学习专业知识外，水环保班大力倡导个性化学习。在过去的学习环境中，学习的内容和进度在年初计划好，较少考虑学习者的个性化要求，缺少针对性，学习效果不佳。对此，水环保班打破常规，积极倡导个性化学习，即班组员工对自己的专业技术水平和所处的环境等进行细致分析，并厘清个人远景、能力、急需解决的问题，规划好自己的职业生涯，找准个人目标，确定自我学习的内容、方法和措施。同时班组也会针对每个人的不同情况，确定不同的学习和培训重点。例如，对老员工，着重理论学习，提高分析、解决问题的能力，加强对新知识、新技术的学习储备；对青年职工，针对其专业知识比较丰富、实际经验较少的情况，侧重其所从事工作的基本内容与方法的培训，并向其灌输企业所期望的态度、规范、价值观和行为模式等，重点进行操作技能培训，帮助青年职工顺利地适应工作环境和工作岗位。

开展个性化学习的意义不仅在于使学习更有针对性，而且还可以有效地激励职工的学习热情，发挥其学习的积极性与主动性；更重要的是可以使职工在自我学习、自我改善和自我发展上担负起更大的责任，使学习、追求自我发展成为发自内心的一种真实与迫切的愿望，从而有效解决理论与实践脱离的问题。

图 3　师带徒进行仪器操作讲授

（二）创新，助力解决生产难题

在铁岭公司高度重视和大力支持员工创新创效活动的大背景下，水环保班借力公司“创新创效”“QC 活动”“‘五小’活动”“合理化建议”等创新创效平台，以解决生产难题为切入点，勇挑重担，大力开展科技攻关，几年来多项科技成果在集团公司、区域公司、铁岭公司获奖。

水环保班在创新创效活动实践中重点抓好“两个结合”：一是与实际相结合，针对生产中出现的问题，从解决生产难题入手，通过技术创新优化工艺流程减少环节；通过管理创新挖潜提效，降低成本；通过开展合理化建议，解决涉及员工身边的问题。二是与其他班组相结合，创新创效活动是一项领域非常广泛、内容非常丰富、组织过程非常复杂的实践活动，在开展创新创效活动时，不能“单打独斗”，要变“独唱”为“大合唱”，群策群力。同时，创新创效活动不能好高骛远，要坚持西瓜和芝麻一起抓。

1. 创新创效，从实际出发，提高化学监督质量

针对公司 5、6 号机组给水铁含量经常出现超标的问题，由技术骨干组成攻关小组，在仪表班的配合下，查阅了大量资料，水环保班大胆提出将给水全挥发处理改为弱氧化处理，经过试验和检测，共取得了有效数据两万余个，有效将机组各管段水汽中铁含量由 5～10μg/L 降至 3μg/L 左右，完全达到 GB/T 12145《火力发电

机组及蒸汽动力设备水汽质量》规定的水汽质量标准。该方法同时有效解决了水质超标和铁垢沉积、堵塞节流孔导致锅炉爆管这一生产难题，最大限度保证了机组的安全稳定运行。在此基础上，几年来水环保班不断深化给水弱氧化处理方式，并深入研究，在分厂技术人员的带领下，完成了“直流锅炉氧化膜晶体特性研究及对预防锅炉爆管的意义”项目，该项目获得集团公司科技进步三等奖。

针对换热设备发生微渗漏的情况下，依靠 GB/T 12145《火力发电机组及蒸汽动力设备水汽质量》规定的供热疏水监督方法无法发现的问题，水环保班探索调整疏水水质监督的新方式，通过对软化水水质、疏水水质、换热器渗漏后的疏水水质对比的检测分析，发现通过检测疏水中钠离子的变化可以准确地判断换热器是否渗漏。据此把钠离子作为疏水检测常规项目，有效保证了换热机组的安全稳定运行和供热安全。

图 4　班组技术人员开展科技项目的水质检测

2. 创新创效，围绕企业重点工作

节能降耗和提高经济效益是企业一项长期的重点工作，因此水环保班注重把创新创效和节能降耗、提高效益相结合。

针对 600MW 机组循环冷却水补充水源改变，原水质控制指标已不适用于新的水源的情况，水环保班根据循环水实际运行情况，组织技术人员，通过在不同季节、不同温度下，对循环水的稳定性进行长期跟踪实验，根据实验测得循环水的水质指标，寻找循环水中较稳定的指标，确定了新的循环水水质控制标准，年可节水 30 万 t。

在创新创效工作中，水环保班坚持做到学有所获、学有所用，既丰富了自身的业务和知识水平，又不断提高了工作能力和综合素质。

（三）强化班组文化建设，凝聚团队力量

把班组文化建设融入班组建设中，构建相互关心、敢于负责、和谐包容的班组文化，使班组形成团结拼搏、积极向上的文化氛围，可以最大程度凝聚班组力量，提高班组软实力。

创新班组文化建设，要以公司核心理念为指引，大胆变革，改进方法，让文化在班组有效落地。一是以管理创新为切入点，充分发挥班组员工的主动性，建立健全制度的同时，凡事讲程序、讲责任、讲和谐。二是创建班组特色文化，以“家文化”为依托，通过丰富多彩的文化活动构建和谐共进、团结协作、积极进取的文化氛围，使班组成为团结互助、工作积极、敢打硬仗、业绩高效的优秀团队。三是强化学习，高素质的员工才能在班组文化建设上推陈出新，水环保班积极倡导人人学习、终身学习，学习工作化、工作学习化。通过学习使班组人员综合素质得到提高，最终达成班组文化创新建设的目的。

图 5　班组成员参加羽毛球比赛

三、取得成效

水环保班坚持把新发展理念融入班组建设中，取得了可喜的成绩：

（1）班组文化建设有力促进了各项工作的开展和优质完成，水汽质量合格率常年保持在 99%以上，超过集团公司规定的 98%的标准。一期机组锅炉水冷壁结垢速率约为 10g/（m^2·a），居同类型机组领先水平。

（2）创新创效工作蓬勃开展，近五年来开展创新创效项目 10 余项，全部获奖。其中“600MW 机组给水弱氧化处理”项目解决了锅炉水冷壁因铁沉积物多造成频繁爆管的问题，年综合经济效益在 500 万元以上，该项目获得金山股份科技创新一等奖；“直流锅炉氧化膜晶体特性研究及对预防锅炉爆管的意义”项目，获得集团公司科技进步三等奖；“600MW 机组循环冷却水水质控制指标调整”项目年可有效节约生水 30 万 t 以上，节约费用 30 万元以上，具有很好的节能减排效果，该项目获集团公司第二届青年创新创效成果技术类优秀奖；“厂区污水回收利用”项目将厂区污水处理后回收利用于循环水，作为补充水，年可节约用水约 80 万 t，节约资金约 80 万元，减少外排水约 80 万 t，具有显著的经济效益和环保效益，该项目获金山股份 QC 成果二等奖。

（3）班组学习气氛浓厚，对新设备使用熟练，各项实验结果准确，新员工技术水平提高较快。

平凡的岗位，不平凡的成绩。立足新时代，水环保班将继续深入践行新发展理念，助力、给力公司提质增效工作，为公司高质量发展书写属于他们的奋斗篇章。

（撰稿人：卜　平）

依托多彩培训课堂　三位一体打造学习型班组

安徽华电宿州发电有限公司维护部汽机班

安徽华电宿州发电有限公司维护部汽机班（简称汽机班）共有10名员工，其中党员2名，入党积极分子1名，中级工程师4人，主要负责汽轮机本体、辅机、转机、酸碱区、氨区、氢站等区域的设备维护消缺工作。汽机班自2007年成立以来，始终坚持将创建“五型”班组作为夯实安全基础的落脚点，秉承着“应修必修，修必修好”的工作理念，扎实开展班组管理，先后获得安徽公司“优秀班组”“先进集体”等多项荣誉称号。

图1　汽机班合影

一、实施背景

班组是公司最基本的细胞体，班组建设关系着公司的长久发展，提升班组建设的源动力来自学习。传统的学习培训枯燥、乏味，员工学习积极性不高，为激发班组成员学习内驱力，汽机班采用多种形式开展教育培训工作，采用“人人上讲台、

个个当老师”方式，促进员工主动学习、相互学习，引导班组全员脱离技能舒适圈，深化岗位“传、帮、带”作用，努力营造工作学习化、学习工作化的良好氛围。

二、主要做法

（一）三位一体，开展多彩培训课堂

汽机班通过理论课堂、实操培训、新老互促三位一体管理模式组织开展多彩培训课堂，全力打造复合型检修人才。

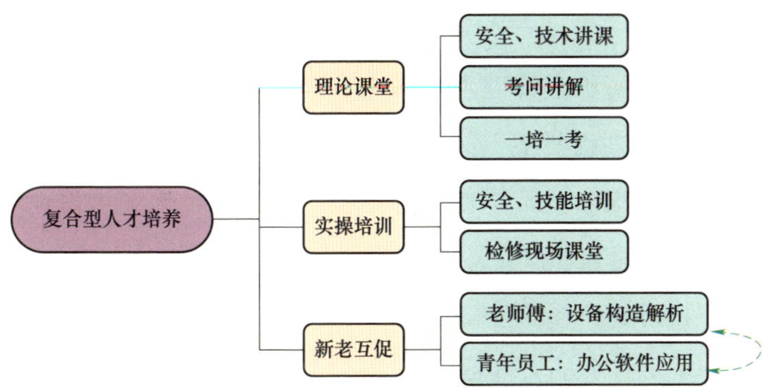

图2 三位一体管理模式思维导图

（二）树立学习理念，打造学习型班组品牌

汽机班建立了学习型班组特色品牌，以“勤学苦练、奋勇争先”为品牌名称，以“岗位学习，技术学习，安全学习，做全能型检修人才”为品牌理念、以“务实创优、拼搏进取”为品牌口号，设计了品牌LOGO。

图3 汽机班LOGO

品牌 LOGO 释义：汽轮机转子图示和扳手代表班组日常工作；环形寓意班组凝心聚力，围绕检修工作锤炼个人技能；五个部分代表“五型+”品牌建设；“勤学苦练、奋勇争先”是班组品牌名称。

汽机班通过班务会、民主生活会等多种形式，大力宣传创建学习型班组的目的和意义，牢固树立“岗位学习，技术学习，安全学习，做全能型检修人才”的班组建设品牌理念，营造“比、学、赶、帮、超”的良好氛围，鼓励全员在工作中学习、在学习中工作。

（三）以练促培，筑牢安全防线

汽机班为不断提高班组管理水平和人员素养，激发员工学习内动力，切实完成从“要我学”到“我要学”的思想转变，开展安全实操技能培训，以练促培，筑牢安全防线。根据日常工作内容、季节性变化、检修项目，有针对性地制订安全培训计划。将检修安全、起重作业安全、防护用具和电动工器具使用，以及应急救护等内容融入培训中，丰富学习内容。定期进行安全技能大比拼活动，通过互评和全员打分的方式激发学习热情，提升学习效果。

开展起重作业安全管理、五点式安全带使用、电动工器具、正压式呼吸器、灭火器使用及心肺复苏应急救援等专项安全实操培训。重点介绍吊装作业安全

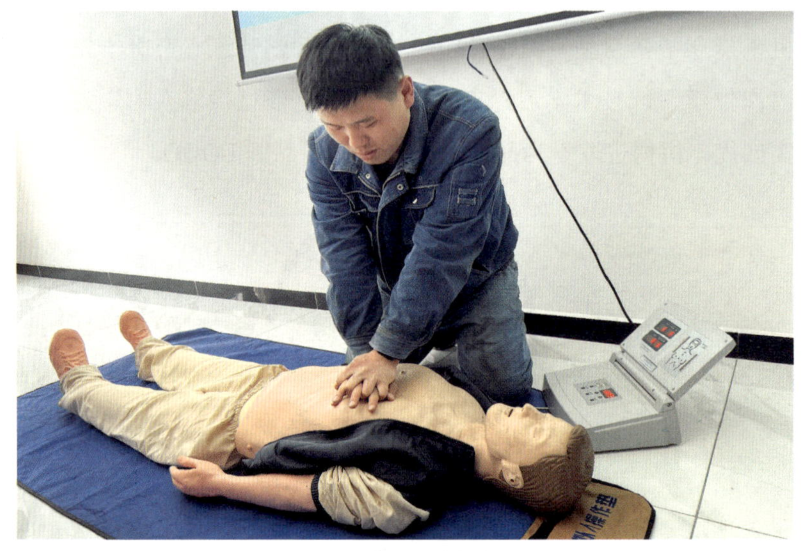

图 4　心肺复苏安全实操培训

管理、安全带使用注意事项、电动工器具操作方法、正压式呼吸器使用方法，以及心肺复苏救护流程等内容，通过理论与实操双管齐下的方法，提高人员的安全操作技能。

（四）“理论+实操”课堂，提高检修技能

汽机班在完成检修任务的同时，重视青年员工的培养，通过开展技术问答、每日一刻、微信课堂、考问讲解等活动，保障了班组教育工作有序进行，为班组人才建设夯实基础。

结合现场实际工作设立“培训小课堂”，授课人从设备的工作原理、内部结构、部件作用和检修难点出发，以点带面，将理论知识渗透设备内部结构，在讲解过程中穿插介绍了设备历年发生过的缺陷和处理方法，将枯燥、抽象的理论知识转化为生动、形象的实践操作，做到了课堂理论和现场操作相融合，让人员与设备零距离接触，有效地提升了专业技能水平。

为确保培训质量，汽机班利用空余时间组织开展学习大讨论活动，每位员工分享在检修过程中的学习成果，包括掌握了什么内容、碰到了什么难题、如何解决问题等，其他人员根据相关内容进行提问和交流，调动全员主动学习的积极性，营造“比、学、赶、帮、超”的良好氛围。

图5　检修“培训小课堂”

（五）“新老互促”，助力双向提升

由于成员年龄结构两极分化严重，汽机班充分调用老员工、新员工自身优势，相互学习、相互促进，助力双向提升。

在日常工作中，老员工充分发挥引领作用，帮助青年员工尽快提升专业技能，通过“传、帮、带”的培养模式，推动青年员工在学中干、干中学，加快青年员工能力培养与综合素质提升。在检修工作中穿插介绍设备原理、内部构造、检修注意事项等内容，使青年员工对工作内容有更深层的理解，不断提高检修实操技能。

青年员工定期组织开展 Office、CAD、FAM 系统使用等信息化培训，帮助老员工熟练掌握现代化办公软件的操作技巧，提高日常工作效率。

通过“新老互促”活动不仅加强了班组成员间的交流沟通，为提升班组协同配合增添“润滑剂”，还能促进新旧思想撞击，用新的思维方式帮助老同志克服经验主义，形成新老优势互补、互学共进的学习氛围。

三、取得成效

（一）技能大赛成绩优异

汽机班两位成员在安徽省 2022 年全业务（机务方向）流程技能竞赛取得个人二等奖和三等奖的优异成绩，其中一位成员获得安徽省“能源化学地质产业工匠”荣誉称号，为公司赢得了荣誉。

（二）自主检修硕果累累

利用机组调停机会自主开展了闭式泵首次大修工作，设备解体期间重点对叶轮、轴承等主要部件进行检查，更换了机械密封等易损件；校核了修前中心，测量了密封环与叶轮间隙、泵轴弯曲度及转子晃度，并进行了转子找正；完成了入口滤网清理和轴承室加油等工作。修后设备试运一次成功，节省了近 2 万元的外委费用，为后续自主开展转机检修工作积累了经验。在日常工作中自主研发了高压加热器人孔门拆卸器、调节汽门拆卸器、高压调节阀螺栓拆卸器等专用工具，节省了人力、物力，提高了工作效率，为公司生产节能降耗、提质

增效方面作出了贡献。

（三）培训课堂成效显著

汽机班多次参加技术比武、岗位大练兵等活动，参赛人员成绩名列前茅。每年开展技术讲课 44 次、技术问答 22 次，考问讲解 144 次，每月进行一次月度培训考试，合格率 100%，保障了班组教育工作有序进行，为班组人才建设夯实基础。

利用安全学习活动时间，定期组织全员对新《电力安全工作规程》《安全生产法》进行培训学习，提高安全素养，班组月度电力安全工作规程考试和安全技能认证考试合格率 100%，保证了人员安全知识储备。

“五型 +”班组创建工作只有起点没有终点，征途漫漫，惟有奋斗。在后续的工作中，汽机班将积极践行“攻坚克难、尽善尽美”的班组文化，以“务实创优、拼搏进取”的精神面貌努力打造一流检修班组。

（撰稿人：周　迪）

“四力”并举促班组精益创新提升

河北华电石家庄热电有限公司运行部燃机集控三班

河北华电石家庄热电有限公司（简称石热公司）运行部燃机集控三班（简称燃机集控三班）现有员工 9 人，平均年龄 28 岁，是一支敢于创新、能打硬仗、综合素质较高的优秀运行青年团队，主要承担着石热公司九期 2 台 453.6MW 的 F 级“一拖一”燃气-蒸汽联合循环机组日常运行工作。自班组成立以来，始终以节能降耗、创新增效、安全生产为目标，“四力”并举夯实班组建设根基，先后获得集团公司“‘五型’标杆班组”、共青团河北省直工委“青年文明号”、河北公司“青年文明号”、河北公司“‘五型’优秀班组”等荣誉称号。

图 1　燃机集控三班合影

一、实施背景

随着国家大力推行碳达峰、碳中和目标实现，在电力行业改革进一步深化

的基础上，石热公司响应区域转型升级要求，承建河北省首套重型燃气轮机项目，并顺利完成2套机组投产转商，率先迈出清洁能源转型发展步伐。

在石热公司取得天然气发电机组上网电价批复后，公司2套燃气–蒸汽联合循环机组（简称燃气机组）日常调峰启停趋于常态化。基于公司高质量转型发展实现新跨越关键阶段的现状，燃机集控三班着眼于如何提升机组精益化运行水平，实现降低发电成本的新目标、新要求，克服新生代集控班组存在的队伍趋于年轻、技术经验积累不足等困难，运用科学的班组管理手段，勇于挑战自我、突破自我、超越自我，积极探寻班组建设新路径，通过提升组织力、把控力、创新力、培训力，充分发挥班组员工能动性，夯实班组精益化创新根基，从而促进班组良性发展。

二、主要做法

（一）提升组织力，激活班组精益创新动力

燃机集控三班以建设“五型”班组为目标，围绕制度建设和组织建设持续提升组织力，不断探索完善班组建设体系内容，拓宽员工发展渠道，激活班组攻坚内生动力。

1. 完善制度建设，建立长效机制

制度是关系班组持续向好发展的关键性、根本性、长期性问题，燃机集控三班深刻认识班组制度建设重要性，依据“五型”班组创建管理指引，明确班组制度建设的主要内容、具体要求、责任主体，着眼于班组工作开展过程中岗位职责需求、人员特点等实际情况，结合公司、部门管理规范，逐步摸索、完善形成“燃机集控三班安全生产责任制及落实评价管理实施细则”“燃机集控三班安全生产工作奖惩实施细则”“燃机集控三班安全隐患排查治理管理实施细则”等10项班组安全生产管理制度，弱化班组队伍年轻的问题，使班组在安全生产、工作奖惩及人员晋升等方面做到有据可依、有章可循，构建了一套成熟的班组安全管理长效机制，进一步推进了班组建设标准化，形成了自上至下的班组精益管理标准化理念、思维和工作方式。

2. 明确责任分工，强化责任落实

燃机集控三班在形成完善班组制度体系的基础上，建立纵向管理格局，制定工作目标，明确职责分工，人人参与，使班组管理做到人人有分工，充分调动班组员工主观能动性，营造有利于班组精益管理的干事创业氛围。燃机集控三班通过每轮值开展班委会对阶段性工作进行总结，对全年精益课题推进、创新创效活动开展进行回顾提炼，围绕本阶段任务目标再分解、再细化、再安排，使班组员工在课题推进过程中领题更合理、执行更高效，始终保持工作热情，持续发力，更好地发挥出班组员工主动性、创造性，确保精益创新课题更快、更早投入实际生产中；优化机组运行能效指标，使班组员工在实践中不断锤炼自身，强化技能水平。

（二）提升把控力，夯实班组精益创新根基

安全是一切发展的前提，必须时刻为发展保驾护航。燃机集控三班以安全生产为基石，从“精”“细”出发，提升安全生产把控力度，扩大精益管理维度、深度。

1. 聚焦“精”度管理，提升安全管理水平

要提升安全管理水平，就必须时时心系生产现场，以高标准对待安全生产工作，一刻不懈怠。燃机集控三班始终坚持贯彻执行公司、部门安全管理规定，在班组树立“安全生产为‘1’，其余工作为‘0’”的理念，以班组长担任安全员提高班组安全管控水平，组织班组员工搞好安全生产，利用班组活动和班前班后会加强员工安全教育培训，组织学习安全规章制度、事故案例，吸取事故经验教训，强化员工安全意识，紧紧围绕安全生产这条主线，把安全生产当作长期工作来抓，以“重安全，零非停”为生产工作目标，反复强调安全重要性，将安全管理融入日常的每项工作中，保持警钟长鸣。

2. 聚焦“细”化管理，夯实安全管理根基

燃机集控三班毫不松懈抓好安全生产，将细节管理贯穿始终，在班组建立反违章档案，从严把关，杜绝违章操作；将“两票三制”深植员工意识之中，准确开展风险点分析，严格执行规范，促使员工强化“四不伤害”能力；统筹安全生产与精益创新关系，引导员工将安全知识教育、隐患排查治理、安全风

险分级管控等内容融入精益创新工作开展中，经常性开展应急演练、事故预演、桌面推演等活动，查漏补缺，进一步强化员工安全观念、提升岗位安全意识、落实班组安全责任，不断强化夯实安全生产基础，使班组精益创新工作开展更加稳健。

图 2　开展冬季防寒防冻检查

（三）提升创新力，谋求班组精益创新效益

燃机集控三班紧紧围绕精益创新任务目标，在燃气机组安全稳定经济运行的基础上，聚焦机组精益探索过程的难点、重点问题，充分依靠平台搭建、组织赋能等途径，着力提升班组创新力，发挥一线生产创新主体地位，做好精益创新课题选题立项攻坚，为公司燃气机组高效运行、节能降耗聚势赋能。

燃机集控三班以部门创新工作室搭建为抓手，打造纵横交错的精益创新阵地。燃机集控三班通过与其余 4 个燃机集控班组的横向联动，协作攻坚，进行攻坚经验、创新小妙招、思路金点子共谋共享，将先进的经验转化为推动精益创新工作开展的“助推剂”，切实提升班组精益创新质量和实效；通过利用好班组精益创新课题阶段总结会，纵深发力，将创新攻坚过程中班组员工开展的小发明、小创造、小革新、小设计和小建议“五小”活动的经验进行汇总研讨，对切实可行的项目路径进行登记实施，凝聚精益创新开展中的“核动力”。

图 3　参加技术攻关课题研讨

（四）提升培训力，拓展班组精益创新空间

1. 强保障，夯实人才培养基础

随着近年来公司对精益创新发展重视程度的提高，燃机集控三班继续坚持因才施策，立足能源保供、提质增效、安全环保、精益管理等工作，着力为青年员工干事创业提供平台，创造机会。燃机集控三班以“青年精神素养提升工程”开展为契机，依托公司、部门搭建“燃机－煤机”互学交流平台，在班组中开展“定制课堂”“‘1＋1’师带徒”等活动，提升班组精益创新工作培训力度，增强人才培养保障基础，支持更多的优秀青年人才投身精益创新发展之中，促使青年职工在公司高质量发展中更好地成长成才，实现自我价值提升。

2. 多渠道，完善人才培养体系

聚焦人才培养方向，为满足在公司转型发展过程中对燃气机组运行全面人才储备的需求，燃机集控三班积极响应公司人才培训部署，细化班组员工培养发展计划，多渠道开展人才培养工作。针对燃机集控现有值班员，通过开展技能比武、安全技能竞赛、实战推演等活动，创新人才培养途径，顺利完成年度新员工培训计划；针对跨岗、跨专业培训工作，燃机集控三班利用迎峰度夏燃气机组调峰契机，有序针对跨岗、跨专业人员进行知识技能培训，促使更多职工实现了跨岗位培训期间的岗位提升，并顺利融入班组开展安全生产精益创新

工作，为班组精益创新发展储备了更多的优秀人才，拓展了更广阔的空间。

图 4　师带徒进行 DCS 画面操作指导

三、取得成效

（一）能效水平对标创优

通过燃气机组能效指标体系优化运用，夯实了机组稳定运行基础，实现了 2022 年度机组安全无误操作启停调峰 418 台次。同时，随着班组精益创新工作开展，促使公司 2 套燃气机组在可靠性指标、经济性指标、环保和技术监督指标上取得突破，2021 年公司 3、4 号机组在中电联全国燃气发电机组能效水平“400MW～480MW‘F’级改进型供热机组”分类对标中荣获“4A 级优胜机组”称号，2022 年公司 1、2 号机组在中电联全国燃气发电机组能效水平“400MW～480MW‘F’级改进型供热机组”分类对标中排名第一，荣膺“5A 级标杆机组”称号。

（二）创新创效成果突出

燃机集控三班立足精益创新课题工作开展，致力于解决公司燃气机组在安全生产、节能降耗、提质增效等环节中存在的重点、难点问题，推动机组实现精益化运行，自 2017 年成立以来完成创新技术优化十余项，提炼多项创新成果，创造可量化经济效益超 1000 万元，其中课题“降低 1、2 号机组背压工况下气耗率”获得河北省电力行业协会 2022 年度 QC 成果一等奖、河北省二等质量科技成果、河北公司创新创效成果三等奖；课题“降低 3、4 号机组纯凝工况下供电气耗”荣获 2021 年度河北省电力行业协会优秀 QC 小组成果一等奖、河北省质量管理小组活动一等成果；课题“降低 3、4 号机组启动耗气量”荣获 2020 年度河北省电力行业协会优秀 QC 小组成果一等奖、河北省质量管理小组活动二等成果。

（三）人才培育成效显著

燃机集控三班响应公司人才培训规划，强化团队值班员技术能力提升，建强人才队伍梯度，全面开展燃气机组、燃煤机组、新能源培训工作，近三年培养出值长 1 名、燃机集控主值 3 名、燃机集控副值 4 名，此外有 2 人达到了燃煤机组集控至燃气机组集控的跨专业值班水平，1 人荣获 2022 年度石家庄市火电集控运行“技术能手”称号，3 人次升至工程师职称。

中流击水，奋楫者进。燃机集控三班将继续坚持干字当头、实处发力，勇于担当、真抓实干，以奔跑向前的思想觉悟和连续作战的斗争精神，奋勇作为，紧紧围绕公司中心重点工作，用实际行动助推精益创新工作持续开展，以“马上就办、办就办好”的工作作风狠抓落实，聚焦安全生产、创新创效，人才培养再创佳绩，为公司高质量发展积蓄动能。

（撰稿人：封洋燚）

以技术创新为引领　强基增效促发展

湖南华电长沙发电有限公司运行部集控四值

湖南华电长沙发电有限公司（简称长沙公司）成立于 2003 年 10 月，现有两台 600MW 超临界燃煤机组，是国内首批、华电首座、湖南首家 600MW 级同步实现脱硫、脱硝的绿色环保机组，也是湖南省首家通过改造实现超低排放的现役机组。

长沙公司运行部集控四值现有员工 13 人，平均年龄 31 岁，是一支极富活力的高素质队伍。班组先后获得 2017 年度集团公司"'五型'标杆班组"、2022 年度湖南公司"'五型'优秀班组"等荣誉称号。

图 1　运行部集控四值合影

一、实施背景

运行部集控四值始终坚持以人为本的理念，加强班组人员培训，不断夯实技术基础，筑牢安全生产阵地。围绕"提质增效"这一中心任务，深挖节能降耗潜力，以小指标竞赛为抓手，加强指标计划刚性管理，纵深开展机组对标分析工作，以小指标撬动大效益。精细化生产运营工作，以技术创新为引领，深度研究探讨攻坚克难，全力解决机组运行中存在的难题，为公司高质量发展贡献力量。

二、主要做法

（一）夯实培训基础，打造高质量人才队伍

1. 健全学习机制，激发学习热情

为了更好地引导班组成员进行团队学习、系统学习，运行部集控四值班组建立了一套具有实效的学习机制。根据班组成员知识结构不同，为每名成员“量身定制”培训计划，将培训重点放在关键岗位和问题设备上，进行全方位、分层次培训，使班组成员都能熟练掌握本岗位操作技能，熟知各项应急预案，并掌握应对突发事故的方法，保证员工 100%持证上岗，100%掌握应知应会操作知识和技能，100%参加培训学习考试，考试合格率 100%。建立健全班组内部培训奖惩管理制度，定期组织考试，以检验一段时期内的学习成果，对学习成果突出的进行奖励，同岗位之间月度培训绩效差额达 20%以上。

图 2　班组现场技术讲课

2. 创新学习模式，提升技能水平

针对班组内人员变动较大、新进员工较多的实际情况，运行部集控四值采取新型学习模式：新进班组的高校毕业大学生负责技术理论培训，加强班组整体的技术理论水平；依据“能者为师”的原则，请具有一技之长的“老师傅”进行实际操作培训，提高班组整体的技术操作能力。通过创新学习模式，值内2名巡检学徒都成功提岗至副值班员岗位。

3. 制定评估标准，促进岗位提升

实现岗位提升是班组成员最实际的目标，评估标准是正确衡量学习成果的尺子，班组制定岗位技能评估标准“岗位技能达标验收卡”。验收卡分巡检、副操作员、主操作员等不同岗位，涵盖机、炉、电三个专业，共计40余个系统500多个项目。班组成员通过岗位项目的评估验收，可以向部门提交提岗验收申请，在通过部门组织的提岗考试后即可实现岗位提升。

4. 坚持学以致用，解决技术难题

运行部集控四值针对机组空气预热器硫酸氢氨堵塞的实际问题，查找原始技术资料，借鉴其他电厂空气预热器堵塞案例，深度分析原因。从调整入炉煤硫分、控制空气预热器冷端综合温度、优化空气预热器吹灰压力与频次等方面入手，通过试验对比，总结形成防止空气预热器堵塞的技术措施，公司两台机组空气预热器差压都得到了有效控制，解决了公司生产实际问题。运行部集控四值针对公司制粉单耗和制粉系统耗电率偏高的现状，从磨煤机出力、制粉系统运行方式、磨煤机钢球装载量等角度分析，通过优化磨煤机钢球装载量和钢球级配，在不降低磨煤机出力的前提下，适当降低磨煤机电流，从而在一定程度上降低制粉系统耗电率和降低制粉系统单耗。

（二）筑牢安全生产阵地，夯实企业发展根基

1. 推动安全文化建设，全面提升职工安全素养

运行部集控四值充分利用每月安全学习班开展安全培训教育活动。践行公司“212”安全管理体系，细化责任网格，主体责任落实到人；建立个人安全培训档案，定期开展安全工器具使用、企业生产现场风险辨识等能力的再学习、

再教育；建立个人反违章档案，除对违章行为严格考核外，还要求班组成员对违章行为进行反思，深刻检讨，及时改正。

图 3　班组班前安全会

2. 强化“两票三制”执行

针对技术改造后设备及系统发生变更的情况，运行部集控四值对热机标准操作票、电气标准操作票进行梳理，发现 37 张电气标准操作票 967 项操作项目、19 张热机标准操作票 367 项操作项目有错误，均对其进行了修编和补充。修编后的标准操作票库更符合现场实际，夯实了“两票”的基础。每周对“两票三制”的执行进行抽查评价，确保“两票”合格率 100%。

（三）深挖节能降耗潜力，注入企业提质增效新动力

1. 坚持做好生产运营精细化工作

运行部集控四值经常开展讨论会，利用头脑风暴、鱼骨图等方式，就某一个参数深入讨论，从系统结构、动力分析、热力影响等方面将参数充分解构，将影响参数的所有要素铺开来细致研究。围绕“不造成空气预热器堵塞的前提下减少排烟损失”“如何降低 1 号炉脱硝氨逃逸率”等课题展开攻关，提出了具有建设性的意见与解决方法。

图 4　班组现场电气操作

2. 扎实开展小指标评比活动

量化机组各项指标变化对应的折算煤耗，可视化每月指标评比明细，不断补充小指标考评项目，完善考评细则。根据设备、天气、温度状况与条件，合理分配各项指标权重，将各项指标参数落实到个人。用好评比奖惩“大棒”，通过小指标的值际评比与值内评比，落实月度小指标每项指标责任绩效，在竞争中实现“技术升级”，在评比中实现共同进步。

图 5　班组参加篮球比赛

3. 优化磨煤机钢球级配及初始装球量

班组创新开展磨煤机在线筛选钢球这一技术革新，成功实现了机组运行中磨煤机筛选钢球，及时将磨煤机筒体内的不能正常做功的废钢球筛选出来，废钢球筛出率达到70%以上，提升了磨煤机出力，大大降低了制粉系统单耗。

三、取得成效

（一）提升班组整体技术水平，为公司高质量发展输送人才

通过科学有针对性的培训工作，加快班组内培训制度建设，推动培训制度标准化创新管理。2022 年，运行部集控四值培养出高级巡检 2 名、副值 2 名、主值 1 名，班组 1 名员工荣获湖南公司“安全生产先进个人”称号，2 名员工荣获长沙公司“长电‘雷锋’之星”称号。通过定期的应急演练与仿真机实操演练，运行部集控四值安全正确地处理磨煤机跳闸、脱硫 DCS 监控系统失电等多起突发事件，培养了一支“能打胜仗”的高质量人才队伍。

（二）技术创新能力大幅提升，创新创效成果显著

通过安全管理制度创新和安全教育培训，运行部集控四值班组成员安全素养得到长足提升，在保证自身没有不安全行为的前提下，班组成员多次制止生产现场不安全行为，全年发生零起不安全事件，做到零障碍、零非停。2022 年，运行部集控四值发现装置性违章 27 条，并推动消除隐患缺陷 357 项，为企业高质量发展贡献班组力量。

（三）精益求精讲节能，示范典范效应呈现

深入落实节能降耗举措，在参数调整上力争精益求精，运行部集控四值在 2022 年全年 12 次小指标竞赛中取得 3 次第一、2 次第二的好成绩。通过创新开展磨煤机在线筛钢球，2022 年制粉系统耗电率同比下降 1.83%，制粉系统单耗同比下降 4.63%，班组荣获 2022 年度湖南公司“‘五型’优秀班组”称号。

展望未来，长沙公司运行部集控四值将继续以技术创新为引领，为公司可持续发展贡献班组力量。一是大力推广磨煤机在线筛钢球这一技术创新，计划对运行时长满 2000h 的磨煤机逐台进行在线筛钢球工作，及时地将磨煤机筒体

内的不能正常做功的废钢球筛选出来，以提升磨煤机出力，降低制粉系统耗电率及制粉系统单耗，力争制粉系统耗电率和制粉系统单耗在 2022 年的基础上下降 2%。二是加强全员安全教育培训和技能培训，提升全员安全技能和生产技能，大力推进“持证上岗”，争取更多的人取得特种设备作业证、注册安全工程师证、工程师证。

（撰稿人：姜小兵　张黎明　黄国权　袁一鸣）

“三维一体”创新班组建设

中国华电集团有限公司衢州乌溪江分公司运行三值

中国华电集团有限公司衢州乌溪江分公司运行三值（简称运行三值）是一个充满朝气的生产一线班组，现有员工 5 人，平均年龄 31 岁，均取得大学本科以上学历，全部具有工程师、技师以上技术职称。运行三值负责公司湖南镇电站、黄坛口电站 11 台机组及相关设备的运行调度、监控和保障下游民生供水，班组成员表现活跃、充满干劲，是一支用智慧和汗水创造出各种优异成绩的队伍。

图 1　运行三值合影

一、实施背景

班组是企业的“细胞”，是企业最基层的组织，是企业生产经营活动的基础环节，是直接完成企业各项生产指标的根本基础。企业的一切工作，最终都要通过班组得到落实。企业管理的成败得失，都离不开班组的引线穿针、辛勤劳动。因此，搞好班组管理，就是搞好企业管理的基础。班组与企业的关系，如同地基与大厦、大海与航船，没有班组作扎实的基础，企业大厦将无法立足于松软的沙滩之上；有了班组厚实的浮力，企业之舟就可在市场的大海之中乘风破浪。运行三值创新提出“三维一体”管理方法，不断提升班组管理水平，为企业发展添砖加瓦。

二、主要做法

（一）完善制度“一维”，规范班组管理

没有规矩，不成方圆。制度在班组建设中具有举足轻重的作用，建章立制只是第一步，如何做到“一视同仁”“有法必依”“坚决公正”才是关键。

1. 立规矩，让班组管理有“法”可依

班组只有不断地修订、补充和完善各种班组建设考评标准、工作条例，以制度来约束、规范、细化、量化班组工作，才能使班组建设工作做到有章可依、有据可查，以制度、规范来保障和促进班组建设工作健康、持续发展。运行三值近几年建立了“作业现场‘7S’管理手册”“日常巡检制度”“台账管理制度”“绩效考核办法”“经济责任制暨奖金考核办法”“工器具使用管理制度”等制度。

此外，在班组内部建立起激励、竞争的机制后，积极开展各种自查与互查活动，相互监督，寻找差距，发现问题，弥补不足，杜绝以点代面和各种搞形式、搞突击的弄虚作假行为，真正使班组建设入心、入脑。

2. 严考核，让干好干坏“大不相同”

在制度执行上，运行三值值长“以身作则”，不管破坏制度的是谁，视情节给予不同的处罚，严肃制度、纪律，使班组管理步入正常化轨道。同时下大力气搞好、搞活班组的绩效奖金分配，充分体现多劳多得、奖勤罚懒的分配原则，利用最合理的分配去最大限度地调动班组成员的工作积极性。增强班组绩效奖金分配的透明度，张榜公布月度绩效考核结果，班组成员互相监督，寻找差距，彼此信任，提高了班组向心力和凝聚力。科学运用考核奖罚举措，做到“扣罚不手软，奖励不封顶”，让被罚的班员感到震动，让被奖的职工感到舒心满意，让班组制度落到实处。

图2　设备停复役操作

（二）锤炼培训“一维”，打造“金牌”团队

加强班组建设管理是提高企业整体素质的有效途径。企业中任何先进技术和设备必须通过班组操作来发挥作用，只有班员素质不断提高，才能促使企业技术进步、不断发展，整个企业的素质才能跟上社会前进的步伐。

1. 头雁领航，群雁齐飞

在班组的生产经营活动中，班组长要进行科学的管理、合理的分工，是名副其实的“兵头将尾”。班组长这个岗位的特殊性在班组管理中起着举足轻重的作用。俗话说，打铁还需自身硬，因此一个合格的班组长自身素质要高、技术水平要高、管理能力要高，在班组管理中要做到公开、公平、公正，班组长应当能实干会管理、有较强的管理意识，同时在生产实践中不断提高自己的各项素质。在班组管理工作中，班组长要遵从“先做人，后做事”的原则，要“以情感人”“以德树威”，这样才能依靠大家的力量治理好班组，才能充分调动和发挥班组成员的积极性、创造性，从而带领班员出色完成各项任务。运行三值每天的班前会、班后会有布置、检查、工作成效点评、批评、表扬等环节，在值长带领下，各项工作开展得有声有色。

2. 师带徒，传承企业匠心

运行三值梳理老水电企业核心技术清单，组建核心技术传承队伍；经常鼓励和引导班员学习先进的科学文化知识，提高自己的文化修养。引导班员发挥匠心工作室、老班组基地等平台优势，有经验的老师傅做好“传、帮、带”，引领职工主动创新、敢于创新，培养满足企业发展的知识型、创新型、技能型人

才；探索深化“职业导师+青年优才”配套方案，使“人才成长”成为一项常态化和长期性工作。运行三值还鼓励班员岗位成才，牢固树立“技术工人也是人才”的观念。下大力气搞好学习型班组建设工作，努力提高班员的技能水平和理论知识。积极帮助班员规划并建立个人学习“愿景”，个人学习“愿景”明确了，班员学习主动性就增强了，职业素养自然就提高了。

图3　值长在召开每日晨会，布置工作任务

运行三值在导师带徒活动中，通过签订班组师徒结对书、制定师徒责任目标、开展师徒联合攻关等一系列措施，确保导师带徒活动带出成效。注重理论知识与现场实际结合，着力培养班组员工的实践能力，定期召开师徒座谈会，互相交流心得体会，为导师带徒活动打下坚实基础。

3. 直面挑战，以赛促训

运行三值鼓励班员积极参加各类技能竞赛。在赛前，对所学业务技能进行系统性梳理，让每个班员都重温一次规程、标准、规范等，做到熟练掌握，同时夯实理论基础，补齐短板。班组员工先后在各级竞赛、评比中获得荣誉，胡军富先后获得衢州市“技术能手”、衢州市“金牌职工”、浙江省部属企事业“能工巧匠”等荣誉；2021年，叶斌获衢州市水电技能竞赛三等奖；2022年，龚佳峰获衢州市光伏运维技能竞赛二等奖、衢州市“金牌职工”称号。

图4 理论知识学习

图5 导师现场教学

（三）厚植文化“一维”，凝聚全员合力

运行三值班组工会在加强班组文化建设过程中充分发挥自身组织优势、阵地优势和活动优势，针对班员的年龄、家庭情况，并结合企业价值观、行为准则等方面因素，积极开展了多种多样的创新活动，让工会活动成为班组文化创新建设的重要力量。

1. 文化阵地让班组"亮起来"

运行三值的班组文化墙包括班组安全格言、班组口号、班组精神等，集中反映了班组目标。创新设置班组成员格言、红黑榜、荣誉榜、每月无违章之星、安全生产贡献奖等专区，在班组里形成"比、学、赶、帮、超"的良好势头，促进班组团队形象提升、管理水平提升、团队执行力提升、员工素质提升。

2. 人文关怀让班组"聚起来"

运行三值建立互助同盟小组，小组成员互帮互助，有成员在业务上有不懂的地方，其余人主动、热情、耐心地参与讲解，而不是讽刺、嘲笑、挖苦。有成员家庭有困难，其余人积极主动帮助解决，让其工作无后顾之忧。互助同盟小组的建立增强了职工间的互助友爱，营造了和谐温馨、乐观好学的良好氛围。

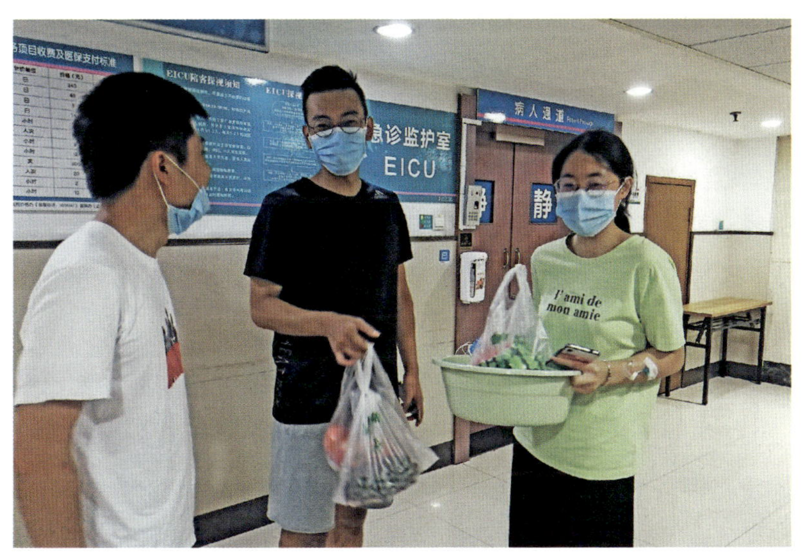

图 6　看望慰问住院的员工

3. 文体活动让班组"动起来"

运行三值充分利用手机"华电 e 家"App，组织班员进行衢城健步走活动，通过参观衢州市儒学馆、城市展览馆、细菌战纪念馆、水亭门历史文化街区、东坪古道等，不仅增强了员工体质，还磨砺了员工意志，提高了班组凝聚力，进一步焕发出不怕苦、不怕累、勤奋工作的热情。

三、取得成效

运行三值以人为本，从过去更多地依赖经验、习惯、讲人情的粗放管理模式向制度化、规范化、精细化的方向转变，为提升管理执行力和执行效率奠定了良好的基础。班组员工充分发挥主观能动性，积极参与到班组精细化管理中来，推动企业良性发展。

运行三值在生产过程中未发生任何安全生产事故，未发生任何质量事故，坚持安全第一，至今保持着质量零不合格、安全零事故、环保零排放、人身零伤亡、机组零非停的纪录。2022 年完成开停机 691 次、完成工作票 264 张、操作票 61 张、发现缺陷 16 条，全年千次无差错操作纪录保持 148738 条。在 2021 年两站 7 台机组监控系统国产化改造中，运行三值以零差错主导完成了 6 台机组就地控制单元（LCU）的新系统调试运行，完成了上位机监控系统的调试、试运行和投运，为监控系统国产化的关键核心技术顺利应用助力。运行三值在巡检、监盘中多次发现安全隐患并及时通知处理，包括湖站 2 号主变压器 110kV 引线遮栏内杂草影响主变压器正常运行、大发电期间湖站 3 号机集电环电刷打火、通过工业电视发现湖站 2 号廊道水泵出水阀漏水等，为企业发展创造了良好的经济效益。

运行三值先后获得厂级“先进班组”、2019—2020 年度浙江公司“青年文明号”、2022 年度浙江公司“优秀班组”、集团公司“‘五型’标杆班组”等荣誉称号。

运行三值敢于创新、勇于作为的精神，为企业班组管理提供了一种新路径，将日常工作的痛点、难点转化为典型特色亮点，在发展中不断砥砺前行、创优争先。

（撰稿人：施凯伦　龚佳峰）

“1＋3”培训理念的实践及应用

贵州黔源电力股份有限公司引子渡分公司维护二班

贵州黔源电力股份有限公司引子渡分公司维护二班（简称维护二班）班员6人，由5名“90后”和1名老师傅组成，班组技术力量较薄弱，尤其在工作经验方面，但班组成员之间团结和睦、朝气蓬勃，在工作中能够互相帮助指导。维护二班担负着引子渡分公司的高压设备电气预试、机组检修、通信、监控系统维护、保护定检、设备巡视管理、设备检修及事故处理等工作；班组曾获得集团公司“工人先锋号”、贵州省总工会“工人先锋号”、黔源电力“安全生产先进集体”“优秀班组”、集团公司“‘五型’标杆班组”等荣誉。班组自成立以来从未发生过人为原因导致的人身伤害或设备损坏事故，保证了引子渡分公司自投产发电以来的长周期安全天数，为引子渡分公司的安全稳定生产作出了重要贡献。

图1　维护二班合影

一、实施背景

（一）成员年轻，工作经验欠缺

长久以来引子渡分公司运维部人数较少，在很长一段时间内班组人员数量几乎不变，随着老师傅们近几年集中退休，出现了中层技术力量断层、年轻员工顶不上的现象，维护二班是引子渡的一个典型。随着大定员的确定，近几年班组成员有所增加，年轻力量越发强盛，大家在各自工作岗位上也都有所成就，但一遇到从未开展过的工作，特别是无人带领自行摸索的情况下，总是抓不住重点，造成一些工作需要返工或重做，严重影响工作效率和人员发展。

（二）专业素质和技术水平参差不齐

班组成员所学专业各自不同，有部分成员专业和工作需求不匹配，导致工作开展困难，专业素质和技术水平参差不齐。且班组未细分专业，班组在工作安排上需合理考虑年龄、技术水平能否胜任等诸多因素，工作开展有一定困难。

（三）工作要求的提高，对班员个人素质要求更高

随着引子渡分公司“7S”管理、精益化管理等理念的提出，对工作的要求越来越高，工作任务也越来越繁重，这样的人员配置显得捉襟见肘。在现有班组人员配置条件下，克服眼前困难，从管理模式上抓好安全生产，提高班组工作效率，保证引子渡分公司设备的安全稳定运行，成为维护二班班组工作及管理中一项重要且紧迫的任务。

二、主要做法

“1+3”培训理念是指通过指导和培训班组成员开展工作，工作后撰写作业指导书和作业讲解，讲解内容包括工作方法、安全措施、危险点等贯穿工作中的要点。确保“1+3”技能指导培训有印象、有收获、有责任，进而夯实基础技能，强化个人工作能力，使班组成员能独立自主开展工作。

（一）作业指导书（“1”）

以往工作无论是现场培训还是理论培训，受培人员总是转眼即忘，没有工

作印象，特别是一些年度或周期更长且危险的一次设备预试。因此，现场作业完成后撰写作业指导书，让指导人评价整个工作过程中的问题和关键点，使受培训人员印象更加深刻，在往后的工作中能够逐渐自主掌握该项工作技能，同时，举一反三扩散到更多的工作面上。

图 2　老师傅进行现场作业指导培训

（二）"师带徒"培训（"3"之一）

维护二班认真贯彻落实引子渡分公司"师带徒"培训的优良传统，每年在新员工入厂或运行同事转维护岗位时，有经验的老师傅将自己的知识和经验传授给徒弟，许多班组成员都是通过"师带徒"的方式快速成长起来的。这样的培训有以下几点优势：① 高效的知识传递：传统的培训方式往往是单向的，而"师带徒"则是双向互动的，徒弟能够与师傅直接交流沟通，相互探讨，更快地掌握技能和知识要点。② 实践中学习："师带徒"培训是以实践为主要内容，徒弟可以在实践中学习，根据自己的经验和收获及时调整、改进自我的思路和行为方式。③ 提高员工工作热情："师带徒"培训可以让新员工感受到公司对他们的关心和期待，提高其工作热情和未来的工作期望，继而热爱本职工作。

同时，在"师带徒"培训开始前，徒弟应该明确培训的目标和师傅的期望。徒弟需要知道自己需要掌握的技能和知识，师傅需要知道徒弟的想法认知和现有知识水平，以此来规划培训计划，开展有针对性的个性化培训，基于受培训人员的知识水平、工作背景和未来职业发展方向，为其引导个性化的培训方向，包括一系列的检修技改实践项目和工作目标。

培训是持续的反馈和交流，在“师带徒”培训的过程中，师傅需要定期给予徒弟指导，并对其进行具体的培训要求考核，如师傅要求徒弟编写现场作业指导书，以此来帮助其更好地理解和记住培训重点和过程。“师带徒”培训是一个很有用的人才培养方式，可以帮助公司培养具有核心竞争力的员工，提高企业的绩效和竞争力。

图3　师带徒进行心肺复苏培训

（三）“开讲了”活动（“3”之一）

以受培训人员编写的作业指导书为核心，举办“开讲了”活动，从施工方案、“四措”制定、工作票办理、安全措施执行、工作要点难点，以及对工作的体会等方面对整个工作过程进行全方位分享讲解，让师徒共同走上讲台，面对领导和同事，一起讲安全、讲原理、讲技术。

“开讲了”活动能够促进新同事和班组人员之间的交流和沟通，让不同专业和班组的人能够对工作过程提出疑问并答疑解惑。通过“开讲了”活动讲述自己的工作过程和经验，让大家更好地认识自己，并实现自我价值创造，促进自我成长。

图 4 “开讲了”活动讲述自己的工作过程和经验

（四）培训考评（“3”之一）

培训进行作业指导书编写，“开讲了”活动以后，对受培训人员进行考试是有效评估能力水平的方式，通过理论和实操的考评，检验受培训人员的技能水平，评估接受能力，为其制定有针对性的专业性培养。通过考试了解所学知识的掌握程度和应用能力，激发学习兴趣，让学习变得更加有目标和动力。考试取得成绩优秀时，会使学员得到自我肯定，从而更加自信和有动力。

图 5 培训后独立开展消缺工作

三、取得成效

通过实行“1+3”的培训教育理念，持续开展培训活动，提高了人员的技能水平，确保机组长周期稳定运行，有效保障了全厂安全生产，避免了“非停”事件的发生。

在检修技改工作中，班组人员独立或协作完成了计划的设备检修、技术改造、预试、保护定检等工作，主要有三台机组一次预试、2号机组励磁系统改造、3号发电机－变压器组保护改造、220kV母线差动保护B屏改造、220kV母线及线路TV误差测试，3台机组检修项目、发电机－变压器组保护定检、大坝溢洪闸门液压机构系统检修等工作。以“1+3”培训理念为指导，在工作中扎实开展好人员培训工作，保证引子渡分公司机组设备安全稳定运行，为引子渡分公司在2023年实现全年安全生产作出积极贡献。

（撰稿人：余海平）

建设“五型班组” 促进攻坚创效

甘肃华电福新能源有限公司景泰分公司运检班组

甘肃华电福新能源有限公司景泰分公司（简称景泰风电场）总装机容量99.5MW，共80台风电机组，是中国华电集团有限公司甘肃公司（简称甘肃公司）陇东地区一座山地型风电场。

景泰风电场运检班组是一群充满工作热情、具有强烈工作责任感的“年轻人”。该班组现有员工16人，平均年龄31岁，其中中共党员8名。班组以安全生产为基础，以质量提升为主线，对照“五型”班组建设要求，结合运检班组自身特点和当前风电形势，紧抓“降本增效”工作重点，遵循精益管理理念，精心调整思路，确保机组安全稳定运行。班组先后获得2022年度甘肃公司“‘五型’优秀班组”、2022年度甘肃省“青年安全生产示范岗”、2023年度甘肃省“工人先锋号”等荣誉称号。

图1　景泰风电场运检班组合影

一、实施背景

景泰风电场安装 80 台航天万源风电机组，分别于 2011 年和 2012 年投产运行，服役年龄将近 12 年。2021 年主机厂家破产，备件货源中断，老旧设备故障率较高，其中一期风机 3 台发电机轴承损坏，二期风机 2 台发电机损坏，风机停机时间长，受疫情封控影响，大部件订做采购困难。

2022 年景泰风电场面对新冠疫情的多次强势反扑，积极采取应对防控政策，强化工作措施落实，在保安全、保供电的前提下，景泰风电场全体员工开足马力、迎难而上，持续发力，实现年度目标。景泰风电场以实际行动和昂扬拼搏的精神，克服疫情反复、居家办公、场站长时间封控、物资供货迟滞等诸多不利因素，在支部建设、设备治理、后勤管理等工作中取得了较为突出的成绩，尤其是在航天万源老旧设备治理上，打破设备治理瓶颈期，按计划完成了场站的各项工作任务。

二、主要做法

（一）提高素质增强技能，创建学习型班组

景泰风电场运检班组牢固树立“终身学习”的理念，不断完善班组学习环境和内部机制，努力营造学习氛围，调动员工学习积极性；不断改进创新培训方式，对员工进行全方位、多层次培训，不断增强培训的针对性和实效性，使每位员工熟练掌握本岗位操作技能，熟知各项应急预案，并掌握应对突发事故的方法。

班组各岗位员工始终坚持学习本职岗位知识，干好本职岗位工作，练就过硬岗位技能。在学习方面，学习实践活动的重心倾向工作实际，新员工在加强学习的同时，努力钻研业务知识，把操作规程上的理论知识转变为工作实践，师带徒的“传、帮、带”作用使新员工能很快地独立上岗，独立操作；在工作方面，采取员工互相培训、电力安全工作规程每日学、职工大讲堂等多种形式，提高员工队伍整体素质，创建学习型班组。

通过开展“五型”班组建设，培养了班组员工热爱本职工作，乐意为同事、

为企业吃苦的精神状态，增强了班组的凝聚力和向心力。班组员工之间互相尊重、互相理解、互相关心，形成了班组良好的团队精神。

景泰风电场持续将创新技术应用到重点隐患排查上，采用无人机巡视、红外热成像仪等加强对升压站设备、集电线路、风机叶片等重点部位的巡视，提高了巡视效率，大大提升了设备可利用率。景泰风电场组织开展的“风机塔筒焊缝检测机器人研究与应用”获得国家实用新型专利 3 项；“航天万源 900kW 调桨驱动器优化改进技术方案”在甘肃公司第四届职工（青工）QC、“五小”创新创效成果活动中获得一等奖，并且在风电场实际运用中取得了良好的成效，进一步促进了生产指标的提升。

图 2　暴雨应急预案启动、开展检修道路抢修工作

（二）安全第一杜绝违章，创建安全型班组

2022 年景泰风电场在公司党委的正确领导下，坚持“安全第一、预防为主、综合治理”的安全生产工作方针，扎实推动反违章、隐患排查整治等专项行动，持续加强风险隐患“两个清单”动态管理，各类安全生产工作整体平稳有序开展，保持良好的安全生产局面。景泰风电场严抓“两外”安全管理，从资料审核、人员入场、施工过程、完工验收等全过程监督管控，不定期开展作业面检查。工作负责人严格按照场站管理规定及施工技术规范等组织人员学习、培训、

交底考试，做到人员安全、设备安全。重点完成了80台风机A类物资缺陷治理工作，完成风机、箱式变压器围栏五防锁改造工作，35kV配电室SF_6在线监测装置改造工作，有效防止了人身及设备不安全事故的发生，消除了风电机组安全隐患。

图3 “迎峰度夏”开展设备红外测温巡查工作

1. 检修运维方面

2022年共完成缺陷处理548条，其中包括变流器故障、变桨紧急状态触发、偏航电机过热等一般性故障；完成80台风机全年定期维护工作；完成箱式变压器、送出线路和集电线路巡视工作，对巡视发现的缺陷及时处理，防止缺陷变成事故，有效预防事故发生。另外，消除不影响设备运行安全类缺陷148条。重点完成16、29、42号三台风机发电机轴承更换和75、76号两台风机发电机更换，风机故障动态清零，有效提高设备可利用率；并完成80台风机变桨、偏航减速机换油工作。

2. 技术改造方面

2022年共开展技术改造工作两项。一是开展80台风机自动消防改造，消除了风机发生火灾的风险，减少发生风机重大消防事故的概率。二是完成30台风机整机技改工作，对一期7台900kW风机和二期23台2000kW风机的变流器、

变桨系统、液压系统、发电机冷却系统等进行了整体替换，彻底解决了原一期 7 台 900kW 风机和二期 23 台 2000kW 风机故障率高、设备可利用率低、备件采购困难等问题。从改造效果看，设备治理效果显著，设备发电能力明显提升。2023 年 1 月 10 日全场最大出力达到 94.6MW，创历史新高，改造后的风机达到满发状态。

（三）清洁生产美化环境，创建清洁型班组

持续开展生产现场、办公区域、库房及工具间、后勤区域的整理、整顿、清扫等工作。班组以公司“7S”管理为标准，制定完善的工作标准及考核机制，明确治理对象，设备分组责任到人，谁主管谁负责，从根本上消除生产现场不利因素，保持设备的良好状态，构建清洁高效的工作环境，达到降本增效、改善生产环境、塑造良好企业形象的目的。

班组始终以“现场清洁、设备清洁、资料清洁、环境清洁”为标准，将清洁生产贯穿班组生产的每个环节、每个步骤，做到“工完、料净、场地清”，实现全过程文明生产，清洁生产。

（四）控制成本节约发展，创建节约型班组

班组紧紧围绕“节能降耗”，在控制成本、加大节约机制方面下功夫，引导员工树立“节约一方水，少用一度电”的理念，确立以实现节约发展为目标，加强班组成本控制，强化全员节约意识。抓好设备日常的维护保养工作，定期对各类运行设备进行检查，加强设备管理，延长设备使用周期，确保每台设备安全平稳运行。

同时，班组大力提倡修旧利废，以降低维修成本。景泰风电场开展偏航减速机精细化维修工作，自行更换偏航减速机内部太阳轮、行星轮、行星轮支架等，节省了更换整套偏航减速机的昂贵费用；制作偏航减速机测试平台，对维修减速机进行测试，使设备安全可靠稳定运行；提高检修人员自主维修能力，减少备件维修费用，充分调动检修人员的积极性、主动性，进一步提高检修人员技术水平。提高设备利用率，养成节约意识的同时，降低班组能耗，形成具有节约特色的班组文化。

图 4　“修旧利废，降本增效”开展调桨驱动器维修

景泰风电场“航天万源 900kW 调桨驱动器优化改进技术方案”在甘肃公司第四届职工（青工）QC、“五小”创新创效成果活动中获得一等奖。景泰风电场开展航天万源 900kW 调桨驱动器优化工作，有效提高了变桨驱动器运行的稳定性，优化后的驱动器故障率明显降低。

图 5　调桨驱动器内部电路讲解

（五）班组建设和谐发展，创建和谐型班组

“强化民主管理，构建和谐班组”一直是班组民主管理发展道路上的既定目标，运检班组始终坚持以人为本，即坚持“尊重人、关心人、启发人、激励人”的情感式管理，牢固树立“和谐发展”的理念，努力形成关系和谐、工作协调、互助互爱的良好氛围。

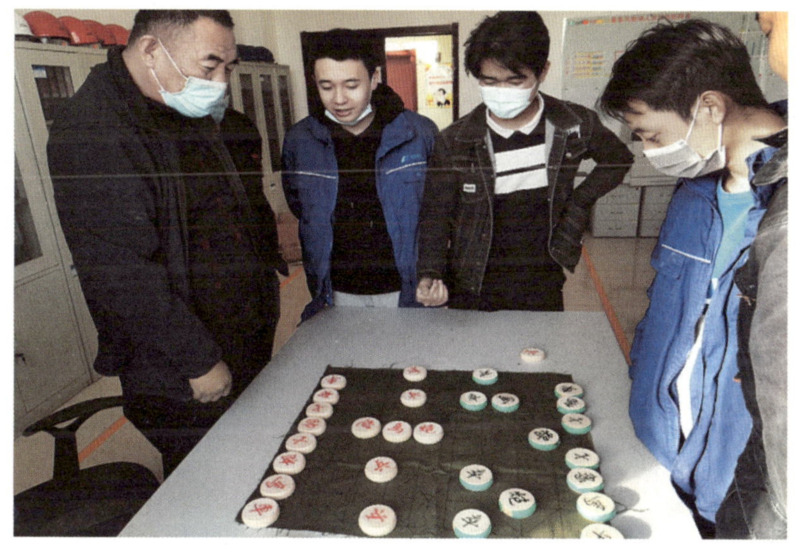

图 6　丰富职工业余生活，提高职工工作热情

图 7　缅怀革命先烈、传承红色精神

关心员工生活，稳定员工队伍，了解员工思想动态。平时通过聊天拉家常等方式加强与班组成员的沟通，增强员工归属感的同时促进工作有力开展，使大家心往一处想、劲往一处使，增强了班组的凝聚力和战斗力。努力做好员工的福利工作，为员工排忧解难，定期开展送温暖活动，经常走访员工患病家属，同时发扬互助精神，及时解决员工困难。积极组织员工开展文化体育活动，不断丰富员工业余文化生活。

三、取得成效

近年来，景泰风电场坚持以习近平新时代中国特色社会主义思想为指导，深入贯彻习近平总书记的重要讲话和指示精神，聚焦“推动绿色发展，促进人与自然和谐共生”目标，完整、准确、全面贯彻新发展理念，有力保障能源安全，并以高质量发展为首要任务，为地方经济高质量发展作出了应有贡献。

（一）学习型班组建设稳步推进

景泰风电场建立学习监督考评机制，通过每个轮班的学习，建立轮班制考评。考评方向为岗位技能、安全知识，考评方式分为自评、互评及班组评等，综合各项评分，最终形成值际竞赛的形式，达到提升员工技能水平的实效。2022年，场站职工参加甘肃省职工职业技能竞赛风电（风机检修）省级二类竞赛，荣获2022年甘肃省“甘肃省技术标兵”称号；2023年，场站职工参加甘肃省百万职工劳动和技能竞赛“风电发电运行检修”省一级类决赛，取得个人及团体三等奖的好成绩。

（二）安全型班组建设热火朝天

景泰风电场打响了航天风机专项治理攻坚战，提出向“长停”风机治理要效益的口号。积极开展设备高频数据分析、频报故障根源查找、顽疾专项攻坚等，设备故障实现了彻底清零，尤其是在30台航天风机整机改造项目中，克服新冠疫情反复导致风电场长时间封控、物资供货迟滞等诸多不利因素，积极与地方政府及改造单位协商，全程采用“点对点、一站式”运输，确保工程顺利推进，圆满完成30台风机整机改造项目。2022年发电量完成计划目标的112.51%，提前37天完成年度发电任务。

（三）清洁型班组建设初具雏形

景泰风电场充分运用甘肃公司云检修平台，保障场站资料“清洁”。景泰风电场全面梳理场站各项工作，建立资料档案管理清册，在工作开展的同时将过程资料上传至云检修平台形成闭环，保障场站资料保存完备有序。

（四）节约型班组建设卓有成效

2022年，景泰风电场深入研究并启用航天万源900kW调桨驱动器优化改进技术方案，发现在风机使用优化后的驱动器后，出现过电流故障的频率明显下降，2021—2022年跟踪统计结果中显示，新更换的19台驱动器从未发生相关故障，降低损失电量约36.025万kW・h，累计节约成本30余万元。

（五）和谐型班组建设荣获奖项

景泰风电场在2021年和2022年荣获甘肃公司“先进集体”称号；荣获甘肃公司2022年度“‘五型’优秀班组”称号；2023年荣获集团公司“五星级发电企业”称号；2023年荣获集团公司“安全环保先进企业”称号；2023年荣获集团公司“‘五型’标杆班组”称号；2022年荣获甘肃省“青年安全生产示范岗”称号；2022年景泰风电场运检班组被甘肃省授予“工人先锋号”荣誉称号；研究课题成果在甘肃公司举办的职工（青工）QC、“五小”创新创效成果评选中荣获一、二等奖及优秀奖；多次获得甘肃公司安全生产月度流动红旗。

时间新故相推一往无前，奋斗接续发力永不止步。2023年景泰风电场全体职工将进一步振奋精神、凝聚力量，坚持以习近平新时代中国特色社会主义思想为指导，全面贯彻党的二十大和中央经济工作会议精神，全面落实公司2023年度工作会议部署，用勤劳和智慧奏响奋进旋律，用拼搏和汗水续写新的辉煌，切实强化景泰风电场“五型”班组建设，为甘肃公司建成国内一流清洁能源标杆企业、集团公司加快建设世界一流能源企业贡献自己的力量。

（撰稿人：张　涛　王　俭）

创"3+1"管理模式　树华电河南旗帜

华电新乡发电有限公司运行部集控一值

华电新乡发电有限公司（简称新乡公司）成立于 2003 年 8 月 28 日，是电力体制改革后，集团公司挺进中原，在豫投资建设的第一个电源项目，由华电国际电力股份有限公司（简称华电国际）和新乡投资集团有限公司共同投资组建（华电国际占比 98.72%），拥有两台 66 万 kW 超临界燃煤发电机组。

新乡公司运行部集控一值（简称集控一值）是一个沉稳富有朝气的优秀集体，现有成员 11 人，全部具有大中专以上学历，其中党员 3 人。班组曾多次获得河南省"青年文明号"、河南公司"先进集体"、新乡市"青年文明号"、新乡公司"先进班组"等集体荣誉称号；班组课题"基于 1+X 创新 660MW 机组超深度调峰的探索与实践"获 2023 年全国火电厂灵活性深度调峰改造技术年会优秀论文特等奖；课题"小投入大产出　超深度调峰的探索与实践"获河南公司二等奖。

图 1　集控一值合影

一、实施背景

当前形势下，由于新能源机组大量装机并网，燃煤火电机组启停、调峰成为常态，电网对火力发电厂深度调峰能力提出了更高的要求。另外，班组新员工尽管学历高、学习能力强但仍然存在着现场经验较为欠缺、难以应对突发事件等问题。针对以上问题，班组提出了“3+1”管理模式助力班组建设。

在班组管理上，班组以安全生产为基础，以经济效益为中心，加强节能降耗和经济调度，降低生产成本，狠抓班组建设和管理创新。在思想建设上，加强个人思想政治学习，稳定队伍思想，提高凝聚力和执行力，保证班组高质量完成全年工作任务。

二、主要做法

班组管理是企业管理的基础，而安全工作则是企业一切工作的奠基石。班组成员是安全管理的基本单位，只有每位成员立足岗位精益求精、踔厉奋发勇毅前行，才能让班组工作更上一层。

（一）安全为中心，保证生产力

集控一值始终坚持“安全第一、预防为主、综合治理”的安全生产方针，通过组织学习讨论会和参加安全技能培训，不断提高全值人员的安全意识。在“两票三制”的执行过程中，杜绝违章作业，真正做到“不安全不工作”，认真学习相关安全管理规程规定，提高安全意识和安全技能。在工作中坚持开展危险点分析制度，力争做到及时发现、及时报告、及时处理，同时认真学习并严格执行相关安全技术措施，确保机组安全稳定运行。

在保证安全生产的前提下，集控一值全力以赴争取经济效益最大化，自2022年初，全面落实全年工作目标，狠抓指标管理，以小促大，推动机组经济性不断攀升。在日常工作中，集控一值值长紧盯电网负荷和运行方式变化，加强与调度部门沟通，积极争取电量，注重经济调度和节能减排。班组人员精心监盘，努力寻找机组运行参数最优解；认真巡检，做到缺陷早发现、早处理，使设备隐患见之于未萌，治之于未发。

（二）深耕管理，提升水平，创“3+1”管理模式

1. 深化班组管理模式

集控一值发展至今，一直采取“氛围管理”和“条例管理”相结合的管理模式，这种管理模式既能体现公司对员工的人文关怀又不失钢铁一般的执行力，良好的班组文化和先进模范的带头作用极大地促进了班组人员工作的主观能动性。集控一值在这种管理模式下，机组首次实现190MW的深度调峰，并在公司党委的正确指导下，又一次突破机组负荷下限，实现150MW的极深度调峰，助力公司实现月度调峰辅助服务收益首次超千万元。此外，制度的完善和执行也是保证集控一值顽强战斗力的根本因素。集控一值根据集团公司和新乡公司的各项制度，因地制宜地对现有班组制度进行了整理和完善，确保有据可查、赏罚分明，用制度规范班组成员行为，用氛围感染每一位成员，提升团队整体战力。

图2　逐梦绿茵，不负韶华

2. 提高员工综合素质

提高员工的综合素质是企业可持续发展的基础。集控一值狠抓班组培训工作，努力提高全员综合素质。加强对岗位人员的“两票”业务、岗位技能、安全技能等方面的培训，通过开展技术讲课、事故预想、现场考问、默画系统图等多种培训手段加大职工技能培训力度，开展小范围内的多种形式的现场培训，

让岗位人员及时、正确掌握机组设备的特性和运行注意事项，及早成为机组运行的骨干力量。鼓励员工不断适应动态岗位管理方式下的岗位竞争，激发大家的学习积极性，提升全员综合能力。针对新吸纳员工学历高、学习能力强但现场经验较为欠缺的特点，班组通过新乡公司“2+1 双导师”青年管理方式签订师徒合同，认真履行导师职责、制定培训计划。在认真完成公司和部门下达的培训任务的基础上，加强培训的针对性和实效性，通过培训提高实际操作能力和应变能力，让青年员工将理论知识与实际操作合理结合，加快年轻员工成长成才，快速掌握并加强相应岗位的业务技能。对在工作中踏实肯干、认真负责、积极学习上进的班组成员，在岗位晋升及评优评先时，优先推选，不断增强职工荣誉感、获得感，形成了“比、学、赶、帮、超”的良好风气。

图 3　仿真机演练，提高班组成员事故处理能力

3. 班组管理实行“3+1”管理模式

“3”代表设定了三条主线。第一条主线是从制度层面出发，结合班组特点，采取创新性举措，从班组安全文化建设、量化绩效考核、班组标准化管理等方面提升班组的管理水平和工作效率；第二条主线是从个人层面出发，以青年人才培养为目标，实施班组为青年员工量身定制的学习、培训和考试计划，同时积极鼓励青年员工不断创新创效，通过 QC、技术讲课等方式，为班组成员的“硬”实力提升作出贡献；第三条主线是在落实层面，通过亲身

教学，夯实理论到实操的最后一步。班组定期进行实地教学，对班组全体成员知识体系进行加固，对设备和人员安全有重大意义。

“1”代表形成一条属于青年员工的学习通道，夯实青年员工知识功底。充分利用新时代的移动网络设备，如微信、蓝信、QQ 等，以图片或者视频的方式随时随地进行教学；通过分享事故学习文件、安全生产注意事项、设备说明书等方式，让学员的知识由点及面形成体系，让学员拥有举一反三的能力。同时实行“2+1 双导师”制，不仅在业务技能上进行帮扶教学，而且在政治思想上进行正向引导。

图 4　开展“我来讲一课”提高班组技能水平

（三）紧抓建设，构筑和谐，确保向心力

集控一值充分发挥党员、干部模范带头作用，通过学习上级公司及新乡公司指导性文件，针对工作实际，扎实有效地开展活动。在当前严峻的电力形势下，集控一值身先士卒，勇于奋斗，不断提升业务水平。工作中，值长深入了解职工思想动态，及时反映并解决大家遇到的难题；生活中，开展互帮互助活动，发扬团结友爱精神，及时为班组员工解决后顾之忧，让每个成员都能感受到“家”的温暖，增强了集体向心力。

集控一值高度重视“五型”班组建设，以创建“一流班组”为目标，加强

班组人员整体素质、班组基础管理水平提升，规范班组记录，细化日常工作，健全档案资料，强化政治学习，丰富班组生活，把班组建设的各项工作落到实处。在值内推进全员参与班组建设活动，努力营造班组建设人人有责的氛围，从而调动班组抓管理、争先进、创一流的积极性。

图 5 倡导低碳 “骑”乐无穷

三、取得成效

通过“3+1”管理模式，集控一值青年员工技术提升明显，班组在机组安全运行、提质增效、节能降耗和人才输送等方面取得了优异成绩。集控一值在公司小指标竞赛中多次取得优异成绩，为机组的节能降耗作出了较大贡献。集控一值在满足新时代、新型电网下的调度需求的同时，及时发现和处理了上百条设备异常情况，确保了机组安全稳定运行。同时，集控一值的独特管理理念，在人员培训上取得了显著的效果，为公司运行管理层输送了包括值长、机组长、主值在内的多名优秀青年。

2022 年，集控一值助力新乡公司两台机组创造了多个“首次”：首次实现 190MW 深度调峰，首次实现 150MW 深度调峰，并实现 150MW 深度调峰常态化。集控一值参与对锅炉二次风系统运行方式优化，年节电 330 万 kW·h，煤耗平均降低 0.55g/（kW·h）；参与对锅炉贴壁风改造项目，降低了机组结焦概率，提高了机组安全性和稳定性。此外，班组成员还参与修订了“机组启停调峰组织技术措施”“华电新乡发电有限公司应急预案汇编”等多项措施。

根深之树不风折，泉深之水不涸竭。班组建设是企业发展的源动力。集控一值将持续开拓创新、力求突破，扎实推进班组建设各项工作任务，助力公司高质量发展。

（撰稿人：时兆翔）

"五措"并举　构筑安全之屋

华电新能源集团股份有限公司山西分公司泽州李寨风电场

华电新能源集团股份有限公司山西分公司泽州李寨风电场（简称李寨风电场）总装机容量为 197.7MW，现有职工 19 人，其中 35 周岁以下青年 14 人，占岗位职工总数的 73.7%。李寨风电场始终坚持"安全第一、预防为主、综合治理"的安全生产方针，立足本职岗位，以安全高效的质量思维来服务运行工作。李寨风电场自 2019 年投产以来，安全生产 1410 余天，工作票、操作票合格率 100%；缺陷消缺率 100%，机组可利用率 99.88%，做到安全生产零事故。这支团结向上、业务过硬的优秀队伍在安全生产、工程建设、节能降耗、效益提升等方面都取得了骄人的成绩，曾获得集团公司 2019—2020 年度"青年文明号"、2022 年度"'五型'标杆班组"，山西省委 2021 年度"青年文明号"，山西省电业工会联合会全省电业系统"建工'十四五'、转型蹚新路"主题劳动竞赛优胜集体，晋城市"五一劳动奖状""项目建设先进单位""安全生产标兵单位"等荣誉。

图 1　李寨风电场合影

一、实施背景

李寨风电场自投产发电以来，面临班组成员流动性加大、青年员工比重较高，技能与经验欠缺；多年运行经验的班员缺失严重，班组人员实操经验不够、事故处理能力相对薄弱，难以应对突发事故等问题。安全生产是基石，是所有工作的重中之重，李寨风电场在这一背景下，从班组安全生产中寻找薄弱点，通过夯实班员技术水平提高对安全生产的认识；以班组管理为中心，标准化作业保安全，将“两外”（外委工程和外协用工）安全管理切实纳入场站安全管控体系；创新安全教育培训形式，打造安全型班组。

二、主要做法

（一）量体裁衣，打造安全之基

2019 年李寨风电场投产初期，人员流动大，老年、青年员工比重高，事故处理能力较为薄弱。为提升场站应对突发事故能力，该场站于 2020 年完成了《李寨风电场运行规程》《李寨风电场检修规程》《李寨风电场继电保护规程》《李寨风电场系统图册》的修编；完成了国电南京自动化股份有限公司、长园深瑞继保自动化有限公司、国电南瑞科技股份有限公司的变压器保护装置，国电南京自动化股份有限公司、长园深瑞继保自动化有限公司的线路保护装置等不同厂家、不同电压等级的保护装置标准化作业指导书的编写、修订。各项规章制度的修订，进一步规范了李寨风电场日常工作流程和质量要求，便于职工按规章有序作业，确保作业质量，为电网可靠、稳定运行奠定坚实基础。

李寨风电场牢固树立标准化意识，按照高标准、严要求狠抓工程规格质量、系统设备质量、现场环境质量和人的行为质量，严格执行质量标准和作业标准。班组管理需要有据可依，有章可循，制定完善的班组管理制度是做好各项工作的第一步。李寨风电场制定了《李寨风电场班组管理制度汇编》，其中包括“李寨风电场班组工作质量管理条例”“李寨风电场班组建设制度”“李寨风电场安全责任书”“李寨风电场班组岗位职责”等制度，并将上述制度的执行列入班组绩效考核体系中，确保制度能够在工作中得到有效执行，成为丈量工作质量的标尺。

（二）“以训促学、以学促用”，构建安全之壁

李寨风电场将班组作为前沿阵地，建立目标导向制，让班组成员给自己确定学习目标，牢固树立“安全第一、确保质量”的工作理念。通过建设高空逃生应急演练平台，超规格储存应急物资，加强安全工器具使用，安全设备、设施和措施布置，现场人员急救、应急处置等实际操作培训，引导班员学技术、练本领、比技能，提高员工安全生产意识和技术水平，提升员工综合能力。积极开展安全生产夜校活动，结合安全日学习、云平台考试、安全技能大赛、应急演练等活动，真正让安全生产十大禁令及红线意识入脑、入耳、入心。

加强职工技能素质培养，严格“干部上讲台，培训到现场”，班组长、技术骨干要在现场对职工进行实际操作训练，组织职工学习设备检修维护应用知识，提高解决问题的能力。在班中积极推行师徒结对子、现场示范教学和轮岗交流等形式，建立师徒结对子评估考核机制，落实“传、帮、带”责任，师傅带徒不仅传授业务技能，还要注重培育吃苦精神、职业道德和人格、作风，培养一批德才兼备、业务精通、实际工作经验丰富的技术工人。具体包括：一是“压”，通过压担子，提高工作能力；二是“严”，通过严考核，提升业务水平；三是“搭”，通过搭建平台，展示才华；四是“给”，通过给岗位、给待遇，激发创造力；五是“树”，通过树立正确的人生观、价值观，更好地为华电新能源集团股份有限公司服务。

每日对班前、班后会，班组日常工作进行检查和总结；每周对班组工作日志、安全活动记录、技术培训记录、技术问答记录、事故预想记录、隐患排查记录等进行总结汇报；每月进行安全生产大讨论，基于场站运行过程中暴露的缺陷，结合实际运行情况，以问题为导向，深入剖析风机故障，复盘故障处理过程及思路，总结经验教训。通过对班组安全生产上存在的问题及时提出改进意见和具体措施，打造出一支敢于担当、勇于创新、能征善战的队伍。

（三）落实安全生产，铸建安全之顶

李寨风电场提出“安全问题无小事，大家都是安监员”的工作理念，无论工作大小、工作职务，在工作中都必须相互监督、相互提醒，严格执行“两票三制”制度，平均每年办理操作票 110 余张；办理工作票 460 余张。该场站 2019

年投产至2023年3月31日共开展安全日培训200余次；完成安全答题240余次；观看安全教育警示片80余次。通过参与各类安全文化建设培训，班员安全意识显著增强，安全生产天数达到1410余天。

每项工作前，班组长首先进行人员划分，分到工作的负责人针对本次工作中可能出现的危险点和难点对工作班成员进行危险点分析，危险预控措施讲解，再由其他人进行补充，让每一名工作班成员都清楚每天的具体工作内容。工作中质量监督过程细化到每一步，例如集电线路检修时装设接地线，装设接地线由一名工作班成员操作，一名工作班成员监护，再由工作负责人最后审查。集电线路检修完成投运前，在班组成员检查完毕后，要经过三级（工作负责人、值班人员、安全员）审查后才能投入运行，环环相扣确保工作质量。

图2　设备巡检查缺陷

安全生产监管坚持过程和结果相结合，把过程当结果看，以过程为重；把一失看成万失，做到万无一失。对日常查出的风险隐患要全部记录，实行每周系统分析，每月统计考评，并把考评结果与班组考核挂钩，动用经济、纪律、组织手段，严肃处理违规违纪行为。

三、取得成效

“台上一分钟，台下十年功”。李寨风电场职工积极开展隐患排查与重大节

日保电工作，特训发现主变压器跨路管母与电流互感器连接处金具夹件有放电现象，大家闻风而动，为防止缺陷扩大，造成发电量损失，他们奋勇争先迅速开展危险点分析，划分工作内容，在做好各项安全措施后，严格按照标准化作业进行操作，克服严寒全力开展独立自主抢修工作，历时28小时完成缺陷处理，恢复供电。

图3 设备抢修摘除隐患

李寨风电场始终坚持用高目标引领各项工作，用高标准促进工作落实，自我加压，持续改进，牢固守住“安全”这个最重要的质量关口。紧紧围绕“安全零伤亡、作业零违章、系统零缺陷、管理零失误”的目标，从思想认识、行为质量、作风保障、队伍素质入手，促进“比、学、赶、帮、超”的学习氛围在安全生产目标上扎根。坚决消除“低标准、图省事、凭侥幸、老毛病、坏习惯”的思想作风，让“安全是最大的政绩，安全管理是对职工最好的关怀”的思想生根于管理人员的心中，让“基础不牢、地动山摇”的理念植根于职工的头脑，使全公司干部职工从思想上高度重视，从制度上严格要求，逐渐养成自觉行为，为完成各项任务目标提供有力保障。

（撰稿人：曹 丛 白 昕 张 晔 屈海涛 武向南 谢 斌）

“责任心＋执行力” 标杆班组精益管理的“密钥”

华电国际电力股份有限公司天津开发区分公司维护部电气二次班

华电国际电力股份有限公司天津开发区分公司（简称开发区分公司）维护部电气二次班（简称电气二次班）成立于 2020 年 9 月，现有员工 13 人，其中党员 6 人，平均年龄 27 岁，是一支有担当、有素质、有干劲、有活力的年轻队伍。作为企业核心班组之一，其主要负责全厂继电保护、远动、电测、计量、自动化、通信等设备的日常维护与检修任务。电气二次班曾获得 2021 年度全国能源化学地质系统优秀职工技术创新成果二等奖、2022 年度集团公司“‘五型’标杆班组”、集团公司第六届职工创新创效成果三等奖、集团公司第十一届青年创新创效成果铜奖、天津公司“‘五型’优秀班组”、天津公司第四届职工创新创效成果一等奖、开发区分公司“青年安全示范岗”等荣誉称号。

图 1　电气二次班合影

一、实施背景

电气二次班成立于开发区分公司基建期，为充分做好接机重任，电气二次

班积极参与工程建设，在干中学，在学中干，充分利用机组投产前学习培训机会，努力提高自身技能水平，与施工单位共同处理缺陷隐患，为机组顺利投产打下坚实基础。机组投产后，班组面临管辖设备种类多、分布区域广、员工年轻缺乏经验、技术力量薄弱的问题，因此提升班组人员专业技能、安全技能，提高设备管理质量是重中之重的任务。

二、主要做法

（一）建立健全班组制度，做好做强班组管理

电气二次班以“五型”班组建设为基础，结合岗位职能，分别制订了体现班组特色、提升安全生产、目标管理等方面的培训计划和措施，按照“有章可循，有制可依”原则，编制印发了“岗位安全生产责任制度”“班务公开制度”“设备管理制度”“培训管理制度”“工器具管理制度”“创新管理制度”等 30 余项班组制度，促进班组全面发展，激励员工成长成才，引导班组成员不断学习、主动创新，提升设备管理水平。

图 2　电气二次专业人员学习研究二次回路图

为保证各项工作职责有效实施，班组长以身作则，在工作中积极发挥带头引领作用，严格落实工作责任制。根据班组各岗位人员配置，将工作合理化分

工、制定标准化工作目标，全员各司其职，充分发挥集体作用。由于电气设备分布广、种类多，班组不断在设备管理上下功夫，逐步提升专业技能，练就过硬本领，并实施“设备管理主人制”办法，将设备按区域划分为20大块，每个区域分配到岗到人，督促员工以高度责任心管理设备。此外，班组还建立库房信息、设备缺陷的“云台账”，对备品备件、设备信息做到随改随记、随用随查，让设备相关信息“活”起来。

（二）狠抓培训注重效果，提升全员技能水平

电气二次班将“安全第一、预防为主、综合治理”的安全生产方针贯穿各项工作始终。班组充分利用“安全活动日”，丰富学习内容，除学习公司下发文件外，扩展学习专业相关典型事故案例，开展安全大讨论，并结合日常消缺工作进行“安全小提示”经验交流，让每人讲安全、谈感悟，增加学习氛围；采用事故情景演练，学习触电急救、心肺复苏等急救技能；演示安全工器具、试验仪器等使用方法，促进安全技能、安全素质双提升。

图3　6kV开关柜综保装置接线图分析

结合班组“青年化、人员少”特点，把提高实操水平作为重点。一是通过设定问题，模拟实际故障，让员工在探究处理故障的过程中加上自己的反思和总结，并开展讨论交流各自消缺方法，让专业知识的内化更加深刻；二是以“带

着问题去学习，走进现场找答案”的形式进行培训，让培训更具“现场感”，更有“针对性”；三是有效利用在线云平台，如钉钉群直播、微信公众号、专业学习群，共享学习资料，拓宽培训资源，形成“理论＋实践”“自学＋研讨”“线上＋线下”多元化培训模式。

（三）强化责任担当，提升高效执行力

在工程基建期，本着对全厂设备认真负责的态度，电气二次班全体成员积极参与设备定值核对工作，发现下发定值单中设备基本参数与实际不符，保护装置型号与实际不符，现场保护装置定值输错、漏输等 254 个问题，班组员工紧跟督促调试单位落实整改，为机组顺利投运打下坚实基础。2022 年，在开展全厂电气设备定值计算、复核、编制工作中，面对设备多、保护装置型号不一的难题，班组人员齐心协力，通过收集保护装置型号、说明书等资料，不断完善设备定值，目前已完成 1、2 号发电机－变压器组 12 个保护屏、6kV 段厂用高压设备 174 个开关柜的定值并装订成册归档。从定值计算、复核、编制到输入保护装置，每一步都得谨慎仔细，以确保装置定值输入无误，参数设置正确，保护可靠动作。

（四）加强班组文化建设，提升班组凝聚力

电气二次班将班组文化与公司发展理念、愿景相结合，以“赢在执行力”作为班组理念，以“设备管理至上，力争完美无缺”作为班组目标，以文化指导行动、以思想约束行为，打造特色班组文化。班组广泛开展丰富多彩的竞赛活动，制定班组内部奖励机制和绩效考评方法，每月评出“最佳员工”，月考评结果上墙公示，在奖励机制和考评办法实施后，班组成员消极怠工的少了，努力上进的多了，钻研技术的多了，班组“比、学、赶、帮、超”的氛围越来越浓。班组员工思想积极、态度端正、踏实肯干、不计得失的员工越来越多。2020 年 8 月，电气二次班崔周萍代表天津公司参加集团公司第 38 届继保大赛，获得团体三等奖、个人成绩第 24 名的好成绩，获得天津公司“青年岗位能手”等荣誉称号。

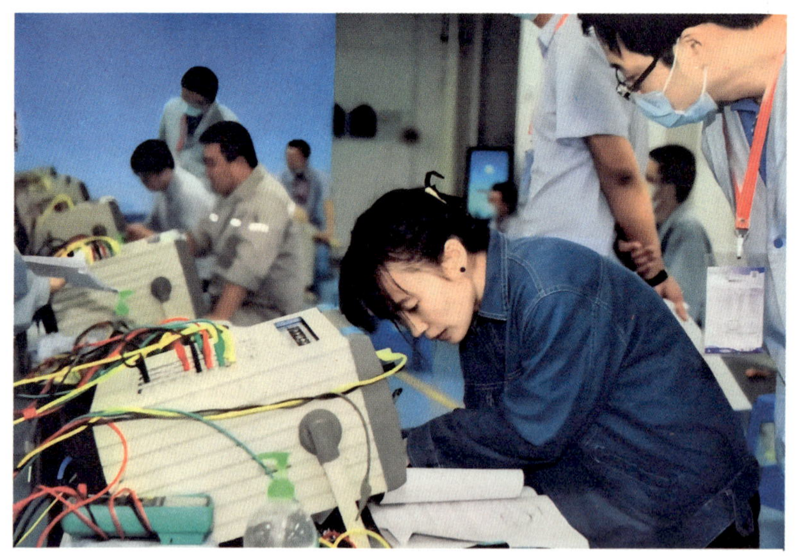

图 4　电气二次班崔周萍参加集团公司第 38 届继保大赛

三、取得成效

（一）设备管理效果显著

工程基建期，发现 1、2 号机组不符合项 874 条，并本着“干中学、学中干”的理念，与施工单位共同处理缺陷隐患，为机组顺利投产打下坚实基础。机组投产后，班组消除主机区域重要缺陷 52 个，一般缺陷 600 余个；翻车机、斗轮机区域缺陷 150 多个，完成 300 余列入厂煤的接卸工作。

（二）护航机组顺利投产

在 1、2 号机涉网试验期间，为保证试验顺利完成，班组员工发扬特别能吃苦、特别能战斗的工作作风，连续 120 小时坚守现场，紧盯设备运行状态，保障高效高质完成机组试验。1 号机组 96 小时满负荷试运行期间，班组高度重视，灵活调整上班方式，以更加充足的人手加强对发电机 – 变压器组保护装置、6kV 综合保护装置等重要设备的日夜巡检，确保问题及时发现、及时解决。

（三）小技改破解大难题

电气二次班组在化水 PC 配电室巡检中发现一台 400V 框架断路器电压显示

不平衡，针对此现象班组对全厂PC段开展大检查，共发现共有33台框架断路器有此问题。班组确定了研究思路，对产生原因进行分析，并探讨确定了最终解决方案，即从端子排X至断路器QF-Vn之间加中性线，经整改后电压显示正常。

（四）创新创效初见效益

班组创新创效课题“消除交流回路感应电干扰的研究与应用”的直接效益：感应电的消除提升了设备元件的寿命，备品备件消耗降低了30%，每年可节约损失0.24万元，根据对近五年集团公司系统内数据调查，初步统计可节约损失约20万元；间接效益：感应电的消除降低了保护设备误动拒动的概率，减少了由于运行、故障等指示灯误亮所造成的人员误判，节省了人力损失，降低了运行人员误操作及维护人员误触电的风险，使人身风险隐患降至最低，保护了设备和人身安全，减少了由于设备损坏和人身伤亡造成的经济损失。

（五）设备管理手握妙招

班组编制检修作业指导书、标准化作业流程，录制重点难点检修作业20个视频，使员工对检修作业流程及质量要求更加清晰，提升检修工作效率。对检修工作质量实行“检修工自验、组长复验、班长终验”的“三验”原则，层层把关，减少返工返修，提高过程质量。通过对班组管辖范围内35类设备检修台账和每日消缺工作实行“台账日更新”和“缺陷日更新”管理，对备件耗材实行“月初纸质台账－进消存库存表－月末纸质台账”的“月对账”管理，在维护设备各环节、全流程的提质增效中打出了强有力的组合拳。

（撰稿人：徐　洁）

精益管理促提升　班组建设保安全

陕西华电榆横煤电有限责任公司榆横发电厂运行四值

陕西华电榆横煤电有限责任公司榆横发电厂运行四值（简称运行四值）成立于2012年7月，班组成员15人，平均年龄28岁，其中本科12人，专科3人，工程师1人，高级工6人。运行四值全体成员肩负着当班期间全厂设备检查、参数监视、操作调整，以及设备发生故障时第一时间做出判断并进行事故处理，确保两台660MW机组的安全、环保、稳定运行的重任，是一支富有活力的年轻队伍。

图1　运行四值合影

一、实施背景

班组是企业生产经营活动的基层组织，是企业一切工作的落脚点，加强班组建设，是企业的一项长期战略举措。运行四值始终以安全环保、能源保供为主线，以“运行精益化管理”为抓手，以“班组建设”为重点，以“工匠精神”

为指引，不断提升运行人才队伍建设，打造一支作风优良、敢打硬仗的可靠型运行人才队伍。

二、主要做法

自班组成立以来，班组成员脚踏实地、刻苦钻研专业知识，不断将自己塑造成具有过硬专业技能的运行人才，在运行工作的日日夜夜中，班组成员全力以赴、精益求精，将运行工作做到最精、最细、最出色。并且依托班组建设，进一步提升了班组安全管理水平、员工队伍素质，进而有效地保证了安全生产。

（一）从严从实保安全，打造安全环保型班组

安全源于细节，落脚班组。运行四值认真贯彻落实“安全第一、预防为主、综合治理”安全生产方针，将榆横发电厂“1258”反违章管理细则做到实处，坚决杜绝违章作业；作为班组文化重要的组成部分，每天班前会进行安全宣誓，不仅加强班组凝聚力，振奋班组人员精神状态，还能提高全员安全意识。运行四值严细落实安全生产责任制查评，坚持员工每日自查评，自我打分找出自己工作中的薄弱点和不足之处，值长周查评并严格落实奖惩管理办法；严格执行“两票三制”，2022 年运行四值“两票”合格率 100%；定期开展班组安全日活动，学习相关文件并积极讨论发言，提高“我要安全”觉悟、掌握“我会安全”技

图 2　班组安全活动大讨论

能、履行“我管安全”责任，强化班组安全生产。

（二）精益管理抓落实，打造管理质量型班组

运行四值牢固树立“质量第一”理念，将精益化管理细化到每一个岗位，把“严标准”贯穿于每一项工作，精心监盘、细心巡检，不放过任何缺陷，不断增强全面质量管理意识。运行四值每月初将生产指标分解到各个专业，制定目标任务，积极做好指标调整工作，坚持每小时查阅指标系统，严格按照毫差进行参数调整，并要求做到每日指标分析对标，员工们勤动脑筋不断改进生产指标调整方法和手段，切实做到精益化管理。此外，运行四值还成立以值长牵头，班组成员全部参与的攻坚小组，积极开展 QC 活动解决各项生产难题，2022 年 QC 成果“降低飞灰含量”，使锅炉飞灰含碳量由 1.53%降至 1.276%，并在榆横发电厂 2021 年度 QC 发布评审会中荣获二等奖。

图 3　专业知识讲解

（三）整理整顿保清洁，打造清洁节约型班组

运行四值严格执行“7S”常态化管理制度，落实设备双主人制度，坚持文件资料定期及时归档、文件盒分类定位放置，保持集控室和生产设备干净整洁，每位班组人员定期对负责区域的配电室等区域进行打扫，按要求对责任区进行介质流向、阀门标识牌整改，做到现场布置标志化、文明生产制度化、清洁卫

生常态化。提高对机组缺陷验收标准，对于当班发现的缺陷及时联系进行消缺，并形成有效闭环机制，对于未及时发现缺陷的责任人，严格落实考核制度，进而提高生产设备的安全可靠性。

（四）勤奋进取提素质，打造学习创新型班组

运行四值坚持把培训工作作为值内头等大事来抓，以建立“学习型”班组为目标，借助部门加强员工培训的东风，制定班组培训计划，创新培训形式，开展“师带徒”全覆盖活动，助力员工快速成长成才；充分利用仿真机、技术讲课、考问讲解，以及雨课堂小程序等多种培训模式，鼓励班组成员参加各类技能竞赛，以赛促学，多措并举，提升班组成员的技能水平，2022 年岗位晋升人员达 10 人次，集控专业晋升比例达 90%。在 1 号机组检修后启动的关键时刻，运行四值职工放弃休息时间进现场协助机组启动工作并学习启机相关技术，形成学习工作化、工作学习化的良好氛围。

图 4　“榆能杯”职业技能大赛

（五）团结互助促融洽，打造人文和谐型班组

日常工作中，运行四值定期召开班务会，做好岗位调整、奖金核算等班务公开工作，加强职工小家建设，值长每日与班组员工进行谈心，掌握员工思想动态，合理安排工作，有序协调，统筹兼顾，工作中相互帮助，关怀困难职工，

保障女职工权益，让员工感受到“家”的温暖。工作之余，组织班组成员积极参加党员活动日、参观陕北民歌博物馆、组织集体骑行、开展春季踏青等一系列活动，缓解工作压力、团结班组职工、活跃班组气氛，不断增强班组凝聚力。

图 5　班组书香阅读日

三、取得成效

班组成员近年来除努力提升自身的专业技能水平外，还积极参加了陕西公司安全应急技能大赛、陕西省榆能杯职业技能大赛、榆横发电厂技能大赛等多项竞赛，先后获奖 10 余人次，获陕西公司先进个人 1 人次、榆横发电厂先进工作者 2 人次、榆横发电厂突出贡献奖 1 人次、工会积极分子 2 人次、陕西省技术能手 2 人次，并获得 2021 年度榆横发电厂 QC 成果二等奖、榆横发电厂 2022 年仿真机大赛团体一等奖、2022 年度陕西公司“‘五型’优秀班组”、陕西省能化系统“工人先锋号”等荣誉。

优秀的个人离不开优秀的团队，运行四值积极倡导“团结奋进”“精益求精”的文化理念，通过班组文化建设，营造良好的工作氛围，为推动公司高质量发展，加快创建世界一流专业化电厂贡献力量。

（撰稿人：张停停）

用化学斑斓色彩　绘华电北燃蓝图

北京华电北燃能源有限公司运行维护部化验班

北京华电北燃能源有限公司（简称华电北燃公司）运行维护部化验班（简称化验班）成立于 2020 年，现由 4 名平均年龄为 28 岁的女同志组成，主要负责机组水、汽、油、环保的监督检测及在线化学仪表维护工作。化验班紧盯公司生产经营目标，克服人员少、底子薄、经验不足的实际困难，在奋勇争先中担当作为、在攻坚克难中“比、学、赶、帮、超”，以“勤”在班组提效率、以“学”在班组提素质、以“成”在班组展新貌为目标，着力打造具有华电北燃特色的“五型”班组。

图 1　化验班合影

一、实施背景

化验班组自组建以来，高标准要求、高起点谋划、高站位推进、高效率落实，经其化验各项指标数据准确率达 100%，为华电北燃公司各系统的安全稳定经济运行提供可靠的数据支撑。在华电北燃公司 2022 年 1—4 季度的班组查评工作中，化验班组以其优异的成绩在公司 8 个班组中脱颖而出，稳居第一；凭借扎实的专业素质和出色的工作业绩，获得运营公司 2022 年度“‘五型’优秀班组”荣誉称号。

化验班虽然取得了一些令人刮目相看的优异成绩，但在光鲜亮丽的背后也曾遇到过很多棘手的问题，“都是‘90 后’新生代”“新员工较多”“实操经验不足”等在一定程度上制约着班组的健康发展。针对增强班组战斗力、凝聚力，让青年职工充分发挥才干、获得工作满足感的问题，化验班从解决班组难题、提高班组建设水平、打造学习型班组等方面出发，总结出了一套自己的方法。

二、主要做法

（一）“勤”在班组提效率

化验班以“四多四勤”工作理念为抓手，营造班组良好氛围，提高班组工作效率。

一是多跑，腿勤。化验班四名年轻女将对所负责的生产作业地点了然于心，每天采取轮班制进行全面细致的检查，深入排查现场存在的安全死角，并及时做好隐患记录及缺陷处理情况，做到不安全不生产，隐患不消除不生产。

二是多听，耳勤。化验班每周召开班组会，围绕日常业务工作中存在的难点、堵点、疑惑点开展讨论，听取班组成员的意见和建议，并组织大家一起学习相互交流好的经验和做法。

三是多看，眼勤。化验班建立了“找茬”群，每天把工作中发现的问题分享在群里，一起来“找茬”；同时在每一个工作环节上保证眼明心细，看清了、看准了才能干，对安全的关键环节严格把关，不放过任何细小的问题。

四是多讲，嘴勤。化验班组在每周班组会上专门开展“你问我答”活动，对本周的工作内容、学习的规章制度，相互提问，相互解答，轮流定期讲解安全操作技术，进一步规范安全行为；班组长通过互答环节摸排发现班组成员在安全思想、安全行为、现场操作等方面存在的问题，并积极着手化解，不让职

工背着思想包袱上班，保证精力到位、责任到位，全身心投入工作中。

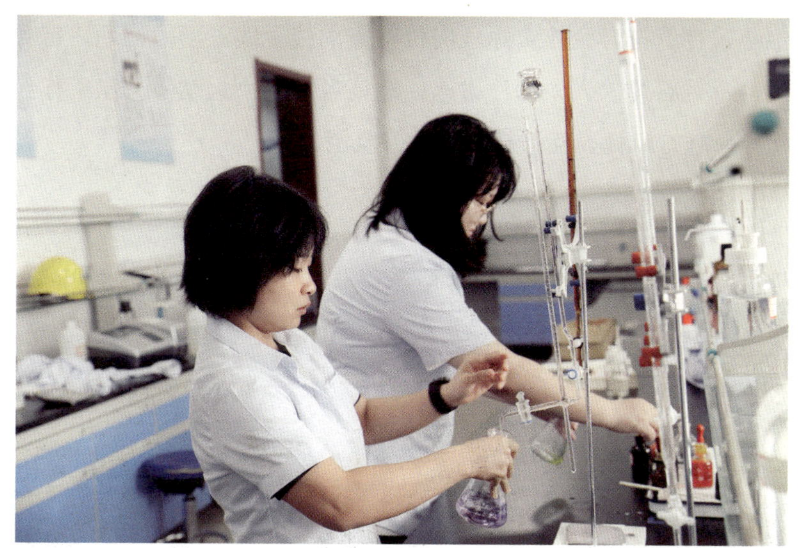

图 2 化验班精细试验

（二）“学”在班组提素质

化验班针对组内员工作经验不足的问题，狠抓学习型班组建设，夯实牢固知识基础，打出学习进阶“组合牌”。

一是制定学习计划，明确学习内容。班组制定年度、月度中长期培训学习计划，做到有目标、有内容、有记录、有考核；不断加强政治学习，把习近平新时代中国特色社会主义思想作为重要内容，纳入班组学习范围，有效将理论同实际相结合，武装头脑、指导实践、推动工作；不断加强业务技能学习，按照“缺什么补什么、用什么学什么”原则，坚持不懈加强政策理论和岗位操作规范（规程）等专业知识培训，开展“创建学习型班组、争做知识型员工”活动，以答促学，以学促干。

二是创新学习形式，开辟学习渠道。班组根据自身工作性质和实际情况，采取灵活多样的学习方式，利用“学习强国”App、微信公众号、“轻速云”App等公共学习平台，通过以会代学、班组长领学、互帮互学等形式，不断提升团队整体素质水平。

三是创造学习条件，搭建交流平台。班组专门配备书柜书架，创建设立读书角，每年定期定时补充书籍，涵盖习近平新时代中国特色社会主义思想、党的最新理论建设、岗位业务相关书籍和前沿报刊等；联合其他班组共建理论知识培训中心，打造符合企业实际、岗位特点的线上线下学习园地、练兵场所、实训基地，每月召开“人人师”讲座，邀请各专业“大拿”分享工作经验，营造学有榜样、赶有目标、互帮赶超的学习氛围。

图 3　组织班组会分享交流心得

（三）“成”在班组展新貌

化验班组研究讨论制定班组正向激励为导向的“工作积分制”绩效考核，通过积分与绩效奖金挂钩，有效发挥薪酬的激励作用，提高班组成员工作的积极性和主动性，促进班组管理提升，使班组成员鼓足干劲，展现崭新精神风貌。班长组织召开正向激励专项机制制定研讨会，利用每周班会时间研究制定激励机制，并邀请运行维护部、人力资源部负责人对机制进行把关和指导。该机制与员工岗位价值、绩效贡献、能力素质相挂钩，实现差异化分配，将班组成员关注点调整到个人能力提升、个人贡献度和个人职业发展通道上。考核方式由注重结果向过程与结果并重转变，发挥全员绩效管理的激励约束作用，提升班组绩效工作的精益化水平。同时，化验班将班组正向激励工作机制作为评价标准，年底对每一位班组成员进行综合测评，评选出本年度班组优秀员工，并推荐到维护部参与部门的先进员工评选。

三、取得成效

通过打造“勤、学、成”三个维度的学习型班组，班组员工的工作主动性、积极性、规范性有了明显提高，正向激励效果显著，达到了预期的目标。

（一）班组人员干劲十足

化验班班组成员从关注个人积分进而开始关注班组整体工作水平，出现了从“要我干”到“我要干”的转变，班组成员工作积极性得到有效调动，工作效率有了很大提升。

（二）班组人员素质提升

随着化验班打造学习型班组工作的推进、正向激励工作的推行，化验班全体成员均自觉履行岗位职责，主动学习业务知识，提升技能水平，班组整体人员素质也有了大幅度提升。

（三）班组长管理能力提升

每周班组长通过与班员充分沟通、民主协商，共同制定班组全体班组成员认可的“班组绩效积分库”，改变了过去班组“粗放式”“放养式”管理模式，解决工作效率低的问题，多维度地锻炼了班组长，提高了班组长的管理能力，实现了班组管理工作的规范化、制度化流程目标，有效提升了班组成员的凝聚力和执行力。

（四）工作氛围得到改善

打造学习型班组可激励班组成员提高自身的技术技能和能力素质，鼓励班组员工立足本职岗位，构建有利于人才选拔和人尽其才的班组内部激励机制，激发了班组成员的工作热情。

下一步，化验班将不断完善班组基础工作，勇担使命比贡献、建功华电创一流，结合班组自身特点，按照更高要求、更高标准，深入开展学习型、安全型、环保型、创新型、和谐型的“五型”班组创建。在挖掘和选树“五型”班组的同时，与兄弟班组开展“配对”活动，为班组建设水平提升持续加力。继续组织和整理班组建设的经验材料，采取灵活多样的形式进行交流共享，通过典型示范引领带动华电北燃公司班组建设工作实现全面提升和整体推进。

（撰稿人：贾宇晨　孙诗雨）

用“三心”智造　筑品质创高效

南京国电南自自动化有限公司 EOC 生产调试班组

南京国电南自自动化有限公司（简称南自自动化）EOC 生产调试班组成立于 2015 年 10 月，是一支勇于担当、奋发有为的产业工人队伍，主要负责单机及屏柜工程出厂前调试、厂内外工程联调、用户验收、工程入库及发运等工作。班组共有成员 20 人，其中中共党员 10 人，高级工程师 2 人，中级工程师 11 人，女职工 13 人。

图 1　EOC 生产调试班组合影

一、实施背景

党的二十大报告提出，坚持把发展经济的着力点放在实体经济上，推进新型工业化，加快建设制造强国。

推动制造业高质量发展，必须把科技创新摆在核心位置，深入实施人才强国战略。面对企业业务不断拓展、工程总量逐年上升、产品换代种类增多，班组作为产品出厂前的最后一道测试岗，承担着把好产品质量最后一道关的重任。新形势下，提升班组成员专业技能水平，打造“过硬”产品质量，提高生产调试效率，寻求一种实现快速响应、自动化调试、信息化管理的高效生产方式，成为班组面临的新挑战。

二、主要做法

班组坚持以习近平新时代中国特色社会主义思想为指导，切实把学习党的二十大精神成效转化推动高质量发展的强大动力，坚定理想信念，恒守匠人初心，发挥先进模范作用，将“守初心、怀匠心、树决心”理念纳入班组文化建设，以“心”铸魂，凝聚奋进磅礴力量，着力锻造与新时代相适应的高素质人才队伍。

（一）守使命“初心”，为班组强基固本赋能

1. 筑牢生产防线，绷紧安全意识之弦

安全生产事关人民福祉，事关经济社会发展大局。班组制定安全目标，健全安全保障和监督体系，明确责任，落实到人。班组长定期召开安全例会、组织安全学习教育、开展组内巡检，确保现场环境安全、人身安全、设备仪器安全。班组深入参与企业“安全生产月”活动，牢固树立安全发展理念，严格落实安全生产责任，营造职工“关注安全，保障安全”的良好氛围，确保实现安全生产，夯实班组建设根基。

2. 厚植人才优势，提升班组整体水平

人才是第一资源，科技创新力的根本源泉在人。2022 年，班组长及核心骨干 6 人参加“中央企业班组长岗位管理能力资格认证网络课堂”，并通过课程考核；全员参加精益六西格玛绿带课程学习，14 名员工取得绿带知识体系认定，2 名员工取得黄带知识体系认定；全员参加国电南自自动化电力系统及其自动化专业技能竞赛，班组成员获一等奖 1 名、二等奖 2 名、三等奖 3 名。全面加强班组人员培养，提升班组整理水平，形成人才聚合效应，营造优良发展环境，加强产业工人队伍建设。

3. 夯实产品质量，把握市场核心竞争力

企业是质量强国建设的重要主体，产品和服务质量是企业生存和发展的根基。班组严把质量关，始终将“品质为首，信誉至上”的理念贯穿生产各环节，每一道工序责任到人，确保程序化精准生产，营造企业良好口碑。每月定期召开质量分析例会，对内，分类整理班组成员调试登记问题，集中反映至对应相关环节；对外，同步接收工程服务现场反馈，立项跟踪，专人负责，处理闭环。采取质量问题反馈闭环管理模式，降低重复失误概率，提高新问题响应速度，确保班组产品生产质量，持续提升市场核心竞争力，为企业效益稳定增长蓄势聚力。

（二）怀匠人“匠心”，为班组汇集强大精神动力

书痴者文必工、艺痴者技必良。班组怀揣“匠心”，勤于筑梦。在长期奋斗中，执着专注、精益求精、追求卓越，培养爱岗敬业、争创一流的搏击精神，争当勇于担当、甘于奉献、善于作为的能工巧匠。

1. 流程操作标准化，夯实作业理论基础

班组高度重视流程操作管理，为统一重大工程调试、验收标准化作业，建立专业化、规范化、精细化生产调试规范标准，班组组织骨干人员发挥团队力量，编写调试指导手册 7 本，全面梳理、归纳总结知识点，为专业作业提供统一标准操作流程，便于团队新成员快速上手、跨领域人员交叉学习、合作单位快捷指导，为高质量发展提供基础保障。

2. 开展多方位培训，打破技能信息壁垒

深入推进班组成员专业技能水平提升，改良传统培训模式。根据年底考核结果，分析成员的薄弱技能和能力缺陷，班组采用广泛性问题全体集中培训、经验性传承“一带一”指导、实践性操作交叉搭档的“三步走”方式，针对不同工作年限、不同技能水平的班组成员学习进度，滚动培训，逐个对焦，互相切磋，反复实践，营造“比、学、赶、帮、超”的良好氛围，帮助班组成员调试技能水平稳步提升。班组坚持“以赛促训、以训促学”，借助企业平台全员参与技能竞赛，找差距、补短板，有针对性地填补专业漏洞，完善个人技

能水平。将学习习惯深入人心、技能操作熟练于手，打破技能信息壁垒，赋能新时代应用型人才培养。

图 2 班组成员调试 110kV 保护屏柜

（三）树领跑“决心”，为班组创新发展蓄势增能

在创新道路上，班组时刻树立领跑“决心”，埋头钻研，在实践中不断奋斗前行，努力把普通工作做成特色，把优势工作做成亮点，把亮点工作做成精品，提升工作层次和水平。

1. 创新“快速加量模块一体化”模式，实现 *N* 变 1 切换

班组每年需调试单机 6 万多台。班组聚焦“提质增效”，大力改革创新，基于 SmartATS 测试系统，自主发明单机快速加量模块，改变传统“两人搭档，单项 *N* 次”加量模式，实现“一人调试，全项 1 模块”加量。采用自动加量、电脑数据识别、报告自动生成模式，一台单机交流测试时间由两人协同耗时 8min，缩短至一人独立操作 2min，极大提高了调试效率。同时，该快速加量模块外部均采用绝缘材料，避免了传统加电流量时易产生电拉弧造成触电的风险，消除操作人员的触电隐患。此项目获全国能源化学地质系统班组创新创效成果一等奖。

图 3 用“快速加量模块”测试单机

2. 利用项目“QC”法，推进技术革新发展

劳动竞赛对于培养人才、挖掘人才、提高员工素质具有重要意义。班组积极参加“五小”活动，从发现问题入手，在继承中创新，在质量改进的道路上集思广益、敢于实践、积极探索出新方法新途径，不断适应新时代新要求，提高作业质量和效率。2022 年，班组 1 个项目获南自自动化精益六西格玛项目（黄带）一等奖，2 个项目荣获“5S”改善项目优胜奖。班组激发员工创新潜能和创造活力，培养出一批善思考、精钻研的技术人才。

三、取得成效

班组秉承“守初心、怀匠心、树决心”理念，坚定理想信念，不忘初心，将“五型”班组建设要求充分融入班组年度工作中，通过人员培养、安全生产、提质增效，提高班组管理品质，提升职工专业技能和综合素质，助力企业高质量发展。

2022 年，班组获集团公司 2022 年度“‘五型’标杆班组”、第四届百佳优秀职工代表提案 2 件、全国能源化学地质系统班组创新创效成果一等奖、全国电力行业质量信得过 AAA 班组等荣誉。班组成员 13 人次获得南自自动化“高绩效员工”“优秀内训师”“优秀职工（会员）代表”“优秀党务工作者”等荣誉称号。

不忘初心，方得始终。班组将一如既往用“三心”智造，筑品质创高效，踔厉奋发、勇毅前行，努力建设创新力强、能打硬仗、业绩突出的一流班组，让党的二十大精神在班组落地生根，推动集团公司高质量发展不断迈上新台阶。

（撰稿人：陈　敏　李久伦）

建立变压器套管缺陷全过程跟踪管理模型
提升班组创新创效能力

华电电力科学研究院有限公司山东分院分工会绝缘技术班组

华电电力科学研究院有限公司山东分院分工会绝缘技术班组（简称绝缘技术班组）成立于 2019 年 9 月，现有职工 8 人，平均年龄 35 岁，是一支团结进取、勇于创新、敢于超越的队伍。绝缘技术班组主要负责集团公司山东、江苏、安徽三区域发电机、变压器等高压电气设备的技术监督、检验检测、异常分析处理、设备健康状态跟踪及新技术研究等有关工作。班组以提高三区域重大电气设备安全运行稳定性为目标，对电厂存在异常的重大电气设备进行缺陷全过程管理，执行动态跟踪策略，深入分析异常原因，制定防范处理措施，提高了设备运行的安全性、经济性和稳定性。

图 1　绝缘技术班组合影

一、实施背景

电力变压器是电力系统中必不可少的重要电气设备之一，变压器套管又是变压器的重要部件，由于套管的工作特性，其需要适应各种运行环境，因此不仅要有足够的机械强度，还要满足良好的绝缘性能。套管形式种类多样，包括纯瓷套管、充气套管、充油套管、电容式套管（胶带电容式、油纸电容式）等。套管出现故障缺陷不仅会造成套管本身损坏，当发生爆炸时会直接损坏整个变压器。2018 年以来，集团公司内外发生多起因套管异常引起的变压器重大事故，造成重大经济损失和不良社会影响。绝缘技术班组为解决“变压器套管缺陷”这一变压器重大隐患，避免电厂重大损失，对多种套管缺陷处理过程进行提炼、总结，建立变压器套管缺陷全过程跟踪管理模型，将套管缺陷处理过程流程化、标准化，同时班组将这种模型推广应用到其他电气设备缺陷管理中，提升了班组创新创效能力。

二、主要做法

（一）建立变压器套管缺陷全过程跟踪管理模型

绝缘技术班组牢固树立创新理念，在多次变压器高压套管（110kV 及以上）缺陷处理的基础上，在行业内首创了变压器套管缺陷全过程跟踪管理模型。对套管缺陷进行全过程跟踪管理，根据缺陷的不同，进行分类总结，研究出一套解决变压器套管缺陷的处理方法，并依据此方法将出现的变压器套管缺陷进行程序化系统管控，针对性地制定套管缺陷消除策略，提高了套管缺陷处理效率，及时避免了变压器发生重大损坏异常。

变压器套管缺陷全过程跟踪主要包括发现套管缺陷、套管缺陷确认及原因分析、套管带病运行的可能性评估、套管缺陷处理措施及临时监视措施、缺陷套管动态跟踪方案、套管检修处理方案、套管缺陷未消除再处理方案、缺陷消除记录等。

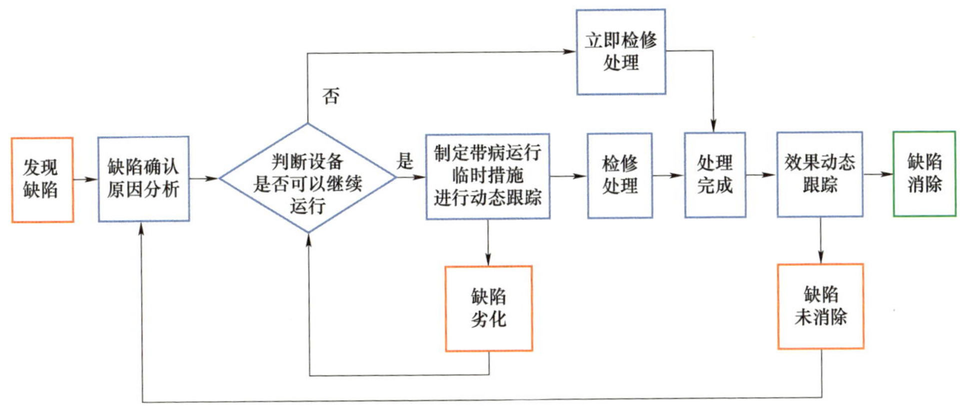

图 2　变压器套管缺陷全过程跟踪处理流程图

（二）变压器套管缺陷全过程跟踪管理模型的实施应用

1. 变压器套管缺陷的发现

绝缘技术班组在集团公司内首次归纳总结了发现套管缺陷的方式方法，通过对变压器套管定期巡视、带电检测、预防性电气试验、套管油色谱分析等手段可以发现变压器套管的多种不同缺陷。班组将这些缺陷进行分类，为下一步缺陷原因分析打下良好基础，这个过程既丰富了班组成员的现场经验，也提高了套管相关的理论水平。

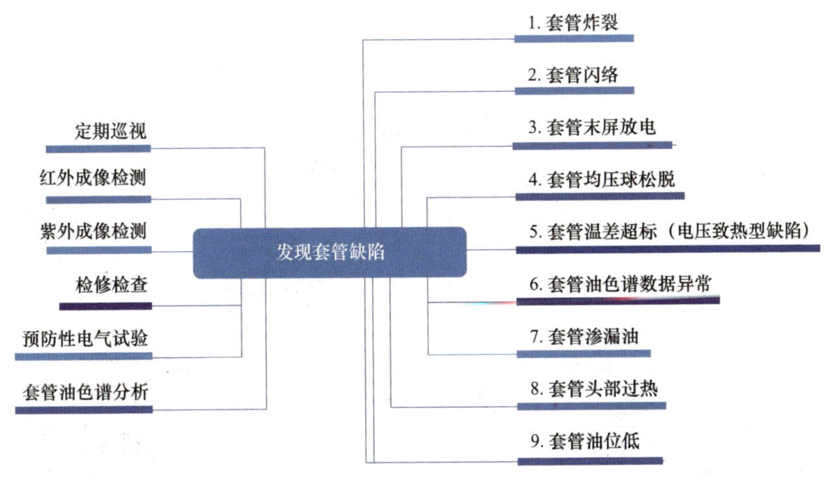

图 3　发现套管缺陷的方式方法及套管缺陷分类

2. 变压器套管缺陷的原因分析

班组在集团公司内首次利用思维导图归纳引发套管缺陷发生的常见原因，

其涉及变压器套管设计、制造工艺问题，安装、检修工艺不达标、运行维护不到位，以及套管老化等。班组充分将解决现场问题和培训相结合，切实提高了班组年轻成员的专业水平，效果显著。

- 原因分析
  - 1. 套管设计、制造工艺问题及家族性缺陷
    - 套管存在砂眼或裂纹会导致套管闪络甚至炸裂
    - 高压套管电容芯子制造上有缺陷会引起套管内部异常放电，导致油色谱数据异常甚至套管炸裂
    - 套管末屏结构设计不合理导致末屏和地之间形成电位差，引起末屏对地放电
  - 2. 安装、检修工艺不达标及运行维护不到位
    - 使套管密封不良，引起套管受潮、渗漏油发生，导致套管油位异常、绝缘性能下降，甚至引起套管击穿炸裂
    - 套管检查、检修及试验时造成末屏接地不良引起末屏对地放电
    - 套管检修维护不到位引起套管积垢，导致套管闪络
    - 套管尾端均压球位置不准确、未拧紧到位固定不可靠，导致其异常放电、脱落
  - 3. 套管老化
    - 套管因长期运行或受潮导致绝缘材料老化，引发套管温度过高、油色谱异常甚至引起套管炸裂
    - 套管密封垫老化会使套管密封不良，引起套管受潮、渗漏油发生，导致套管油位异常、绝缘性能下降，甚至引起套管击穿炸裂

图 4　引发套管缺陷发生的常见原因

图 5　开展变压器套管缺陷原因分析并进行专业培训

3. 套管带病运行的可能性评估及临时运行措施

班组根据多年套管缺陷处理经验，总结形成一套比较成熟的缺陷套管评估方法。对于出现的套管炸裂、套管闪络、套管温度过高、套管末屏异常放电等缺陷应立即处理，其他缺陷如套管渗漏油、套管油位异常等完成缺陷在确认和原因分析后，如因特殊情况无法停电处理，应开展套管带病运行的可能性评估，确认缺陷套管是否可以带病运行。

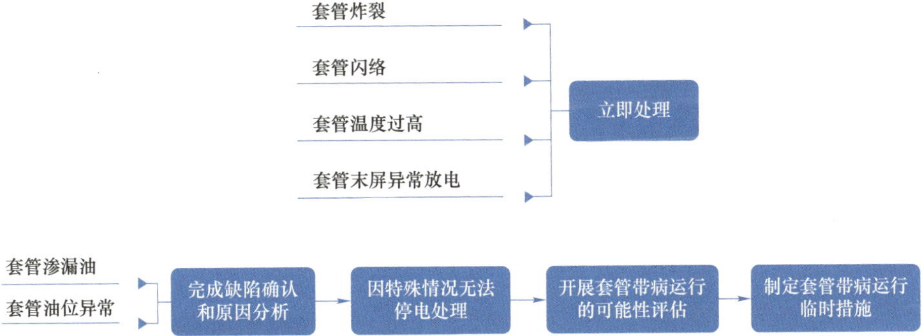

图 6　套管带病运行的可能性评估及临时运行措施的制定

图 7　分析讨论缺陷套管带病运行动态跟踪方案

根据缺陷套管带病运行的可能性评估结果，确认缺陷套管可以带病运行后，班组在集团公司内首创动态跟踪方案，建立缺陷套管动态跟踪数据库，制定套管带病运行临时监视措施并下发监督预警单。根据不同缺陷的严重程度，详细制定套管检修计划，确定对套管进行检修处理或者更换。带病运行期间，根据临时监视措施，如缺陷继续劣化，再次进行带病运行的可能性评估，确定继续运行或者立即停电处理。

4. 缺陷套管的检修处理及处理效果检查

班组依据相关标准、规程及各级反事故措施要求制定了详细的套管检修消缺方案，并且规定了套管检修工艺质量要求。完成套管缺陷检修处理或更换套管后，利用外观检查、电气预防性试验等方式评估缺陷消除情况。

班组在集团公司内首次将新型频域介电谱测试（FDS 技术）手段补充到常规的电气预试中，效果良好。

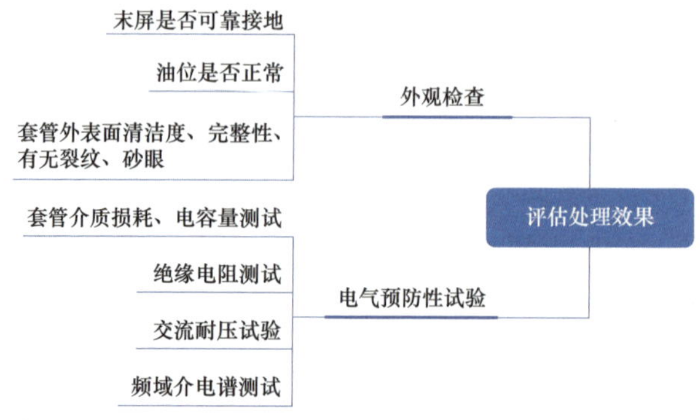

图 8 缺陷套管处理效果评估

为保证套管缺陷处理效果良好，绝缘技术班组进行了缺陷处理效果评价。制定动态跟踪方案，在动态跟踪期间如未再次出现异常缺陷，确认缺陷消除。如处理后套管缺陷仍未消除，则再次进行缺陷确认、原因分析，重启套管缺陷全过程跟踪处理流程。

（三）变压器套管缺陷全过程跟踪管理模型的推广应用

班组通过行业内首创的变压器套管缺陷全过程跟踪管理模型，成功处理了多起变压器套管缺陷，为保障变压器安全稳定运行提供了强有力的技术支持，体现了及时性、有效性。为了充分发挥这种程序化、流程化缺陷管理模式的优点，班组将这种全过程跟踪管理模式应用到了发电机、避雷器缺陷处理上，联合山东公司发布变压器、发电机运维要点，将设备缺陷处理标准化，近年来共

计解决 9 台发电机转子匝间短路异常、2 台 220kV 避雷器异常等问题。与之前的处理方式相比，此方法缩短了检修处理工期，提高了缺陷处理质量，保证了电气设备安全稳定运行，促进了电力行业科技进步和电力设备缺陷管理水平的提高，应用前景良好。

三、取得成效

（一）取得了良好经济效益和社会效益

截至 2022 年 12 月，绝缘技术班组针对“变压器套管缺陷”这一变压器重大隐患，充分利用变压器套管缺陷全过程跟踪管理模型，将出现的变压器套管缺陷进行程序化系统管控，针对性地制定套管缺陷消除策略，成功完成集团公司山东区域 6 支油色谱异常套管、2 支渗漏油套管及 1 支油位异常套管的缺陷处理（含 3 项重大隐患），为发电企业避免损失约 771.2 万元，取得了良好经济效益。班组所处理的 6 支油色谱异常套管涉及 3 台主变压器，消除了重大隐患，避免 3 次不安全事件发生，确保机组安全稳定运行，得到了电厂高度认可和表扬，树立了良好的华电品牌形象。

（二）提高了班组成员的缺陷管理水平

班组成员的设备缺陷处理能力得到明显提升，个人素质均得到实质性提高，每位组员均可负责组织完成现场设备异常分析工作，其工作能力得到发电企业认可。

（三）切实提高了班组成员的创新创效能力

在完成设备缺陷处理的过程中，班组成员积极提炼现场工作成果，挖掘自身科研创新能力，均取得较好科研业绩。截至 2022 年 12 月，班组已负责编制完成 2 项集团公司企业标准报批稿、征求意见稿；参与起草 DL/T 846.14—2023《高电压测试设备通用技术条件　第 14 部分：绝缘油介质损耗因数及体积电阻率测试仪》等 2 项电力行业标准；参与起草《中国华电集团有限公司风力发电、光伏发电企业技术监督实施规范》；参与编写《中国华电集团有限公司太阳能光伏培训教材》；在研华电电科院科技项目 1 项；发表论文 9 篇，其中 EI 检索 7 篇，中文核心 1 篇。申请发明专利 3 项、实用新型专利 8 项，其中已授权 8 项。班组 QC 成果“消除变压器套管故障”获得全国电力行业 QC 小组成果三等奖。班组荣获 2020 年度、2021 年度华电电科院“‘五型’优秀班组”称号，以及 2022 年度集团公司“‘五型’标杆班组”称号。

在今后的工作中，班组将一如既往地坚持创新创效，为发电企业提供强有力的技术支持，保证电气设备安全稳定运行。

（撰稿人：毛庆波）

强化合规管理　助力高质量发展

华电（宁夏）能源有限公司新能源分公司宁东检修一班

华电（宁夏）能源有限公司新能源分公司宁东检修一班（简称检修一班）于 2022 年成立，负责公司宁东一至四期项目的 2 个 110kV 升压站的计划性检修和日常维护工作，宁东一、二期 102MW 项目的 16 台风力发电机组和宁东三、四期 100MW 项目的 66 台风力发电机组的计划性检修和日常维护工作。班组现有员工 21 人，其中 2 人为中共党员。班组曾获得 2022 年度集团公司“‘五型’标杆班组”、2022 年度宁夏公司“五四红旗团支部”等荣誉称号。

图 1　检修一班合影

一、实施背景

检修一班持续推进强基固本和创新管理，以精细化对标管理为手段，夯实打牢班组建设基础。通过明确班组安全目标，责任分解到位，完善班组安全管理；通过开展班组环保教育，树立班组环保意识，做环境保护卫士，打造“安全环保型”特色班组；通过完善班组基础建设，强化班组设备、技术、检修、质量、资料台账、备品配件等管理，规范班组管理，打造“管理质量型”特色班组；通过加强班组对标管理，强化班组基础管理，创造班组良好的公共环境和工作环境，打造“清洁节约型”特色班组；通过组织开展班组技术、技能、班组管理培训，提高班组成员各项技能，提升管理水平，开展班组创新管理活动，积极开展班组合理化建议、QC 活动、技术革新、科技创新活动，打造“学习创新型”特色班组；通过创建适合班组特色的班组文化，创建和谐的职工小家，组织班组成员参加各项小家活动，增强班组队伍活力和具有正能量的团队，打造“人文和谐型”特色班组。检修一班自有检修团队历史悠久，并随着机组的更替不断发展壮大，新员工的不断加入，使检修班技术人员和管理模式变得多样性，部门为充分做好班组人员管理，发挥好各岗位员工特长作用，推出“师带徒”“人人上讲台”等活动，加强班组良性发展。

二、主要做法

（一）加强外包管理，确保生产现场本质安全

班组切实加强对外包工程、技术服务人员及外来人员的安全管理，杜绝“以包代管”，保证安全生产。班组全过程进行动态管理和安全监督、认真履行安全教育培训和交底工作，严格资质审查，明确安全职责，严格开工、竣工手续，安排专人负责，有效保障了外包工程的安全顺利开展。将现场外委人员管理工作纳入班组，班组定期开展安全教育培训工作。

（二）强化安全教育，全面提高员工安全素质

员工是企业安全生产的主体。切实把“安康杯”竞赛作为一项长期性的活动，必须依靠班组员工的高度重视和积极参与，才能把活动真正抓细、抓实。班组通过安全培训、早晚会、安全活动、应急演练等方式，积极学习上级的各种规章制度、事故通报，并对相关要求加以落实。每天收工会上对当日的安全生产工作进行总结、评价，并提出安全工作方略。

图 2　开展收工会安全教育学习

在“岗位需求为主，兼顾潜能开发”的前提下，结合现场实际情况开展多种理论、实操教学。组织开展“人人上讲堂”“风机理论知识专项培训”“精益管理小课堂”等多项理论技能培训，增加班组员工的理论知识储备，并且牵头搭建“老带新，师带徒”“1+X 帮扶”“安全‘双述’”“人员互保，相互监督”等 6 项安全技能交流载体，实现了班内员工与其他班组员工在安全、生产技能上的

图 3　“师带徒”协议签订

同步进步。班组形成老师傅传技能、带作风、帮思想、保安全，徒弟尊重师傅、虚心学习、刻苦钻研、认真实践的优良作风。

（三）开展隐患排查，切实筑牢安全生产防线

班组以开展“春检”为契机，发动所有人员立足本职岗位查找安全隐患，堵塞漏洞，要求每名员工既要查找安全隐患又要整改缺陷，并提出合理化建议，进一步提升了作业环境质量。

图 4　风机检修工作

（四）人员互联互保，让“四不伤害”真正有保障

班组根据公司下发的《关于实施“人盯人”人身安全互保机制和安全交底增加“现场环境风险评估”的通知》要求，进一步推进安全生产规范化。通过一系列的活动，重点体现安全生产人人有责、人人有为的思想，消除各类安全隐患和“三违”行为，形成“人盯人”人身安全互保机制，在安全管理中相互监督、相互管理、相互制约、相互提醒、相互帮助，形成人人事事讲安全、群

策群力保安全的良好安全氛围。

（五）丰富文娱活动，凝心聚力共促和谐发展

关心职工生活，维护职工利益。班组管理人员定期与职工谈心谈话，了解每一位职工的生活情况，掌握职工的困难，代表职工说话，表达职工意愿，想方设法为职工排忧解难。定期组织团建，增强班组员工的凝聚力。不定期举办文娱活动，让员工在快节奏的工作中停下脚步、放松身心，为后期全身心投入工作打下基础。

图 5　开展篮球比赛活动

三、取得成效

（一）质量攻关战果丰硕

针对华创风机变桨故障频发，班组成立 QC 小组对其进行开展研究，该问题的解决同时降低了由其问题引发的故障次数，提高了设备安全稳定性。其中，“降低风电机组变桨控制系统滑环线损坏次数题”荣获全国电力行业 QC 活动一等奖，“检修部做实之风电机组主轴清洗创新应用——降低大部件损坏率”荣获 2022 年全国电力行业设备管理创新成果二等奖。

（二）安全生产防线牢固稳定

截至2023年6月7日，班组未发生人身轻伤及以上事故，未发生设备二类障碍、未发生违法违纪案件和对公司形象和稳定造成影响的事件，交通、食堂未发生不安全事件，未发生违反公司安全生产“十条禁令”的行为。

（三）班组管理水平显著提升

在班组管理方面，大胆创新管理模式，根据班组各级人员职责和岗位标准差异化设置考核内容，科学分配考核权重。以多劳多得的收入分配原则，充分激励班组员工能动性，催化部门工作提质增效，确保了风电机组消缺及时性达到100%，二类以上故障发生率降低为0%。

班组以公司发展为契机，按照公司和检修部的部署狠抓安全管理、设备管理、人员管理，在工作中学习进步。面对新形势、新目标，班组全体成员立足本职工作，精诚团结、努力奋斗，力争各项工作再上一个新台阶，为实现“再造一个宁夏公司”目标和加快建设一流新能源公司贡献力量。

（撰稿人：王　元　张　波　范　杰　高玉文　龙　鹏　程　旭）

做好“四抓”促提升　打造“五型”标杆班组

上海华电奉贤热电有限公司运行部三值

上海华电奉贤热电有限公司是中国华电集团有限公司在沪规模最大的发电企业，公司总装机容量近 160 万 kW，位居集团公司燃机电厂装机容量前列，是上海电网主力调峰电厂之一。

运行部三值现有人员 8 人，“90 后” 6 人，“00 后” 2 人，是公司运行部最年轻的班组，平均年龄最小，在履职尽责中表现出青年人的担当和锐气，奋战在保电供热能源保障第一线，守护着万家灯火。

图 1　运行部三值合影

一、实施背景

运行部三值作为运行部平均年龄最小的班组，在具有活力的同时，也面临着班组成员实战经验不足、技术水平不成熟、个体性格突出的问题。为此，在班组建设上针对痛点、破解难题，精心织密“安全网”，从严扣紧“责任链”；

针对优势、发挥特长，集思广益“抓效益”，提升素质“抓技术”，使班组成员在业务技能上成长成熟，在工作岗位上能担当履责，深化“五型”班组建设，促进班组全方位发展。

二、主要做法

（一）固本强基“抓生产”，精心织密“安全网”

运行三值始终把安全生产放在首要位置，守住安全生产底线，抓实安全风险防范各项工作。

1. 责任到人

遵循年度安全生产目标计划，结合安全专项整治三年行动方案，组织班组全员签订安全生产承诺书，学习掌握风险分级管控及安全隐患排查治理措施要求，同时，运行部三值对班组各岗位制定“安全生产责任制评价标准”并发放给全员，每月打分，每月公示，使班组成员明确职责，消灭职责盲区。运行部主值岗位安全生产责任制评价标准表见表1。

表1　运行部主值岗位安全生产责任制评价标准表

序号	安全职责	标准分	扣分条款	扣分标准
1	受单元长和值长领导，负责本机组安全生产运行工作	20	所辖机组主辅设备及其系统发生不安全事件	5分/次
			机组偏离安全工况下运行	5分/次
			不配合单元长、值长搞安全管理工作	1分/次
2	判断各种异常和事故并进行处理	20	未正确判断各种异常和事故并正确指挥处理	2分/次
3	遵守规章制度，不违章作业	20	不执行工作票、操作票制度	2分/次
			未遵守安全规程、运行规程、各种规定及安全技术措施	3分/次
4	参加班组安全活动和安全培训	15	无故不参加班组安全活动和安全培训	1分/次
			未学习事故通报、吸取教训	1分/次
			未取得与本岗位相匹配的特种设备作业人员证，不参加培训	5分
5	做好巡检和设备检查工作	20	未定期巡视本机组设备、系统，发现异常情况未及时向单元长和值长汇报	1分/次
			不愿参加本班组的安全检查	2分/次
6	完成领导交办的安全生产工作	5	未完成领导交办的安全生产工作	5分

2. 操作到位

切实执行“两票三制”，严格按照安全标准化的要求开展工作，使班组安全生产工作制度化、科学化。运行过程中处理设备异常正确果断，有效避免了不安全事项，实现了“零违章”“零事故”，未发生一起责任性异常及事故，圆满完成安全生产目标。如运行三值在监盘过程中发现分散控制系统（DCS）调压站画面5号机组调压站调压阀后压力为3.02MPa，6号机组调压站调压阀后压力为2.92MPa，通过就地比对及分析判断，发现5号机组调压单元主、副路上主调压器调压阀实际位置装反，通过冷静分析对比及时发现该缺陷，消除了机组非停的风险。

3. 力行到底

运行三值每年在公司两台9F级联合循环机组的检修阶段，严格履行“两票”和“双述”制度，严格审核工作票安全措施，并及时予以补充完善，按计划如期完成各项母线停役、系统投退等重大操作，确保安全顺利地完成机组检修计划，检修期间工作无失误，保障了机组安全持续的稳定运行。

图2 电气操作严格执行“双述”制度

（二）综合施策“抓管理”，从严扣紧“责任链”

多举措强化班组管理，严格有标准，温和有人情，全面提升班组战斗力、凝聚力。

1. 制度化管理

健全完善基础管理制度，流程清晰，责任明确，做到干事有标准、过程有痕迹、绩效有考核。以考核评分制度为基础，运行三值建立“日管控、周排查、月测评”机制严格进行班组考核，将整个班组的荣誉与个人绩效相联系，营造向上的班组氛围。

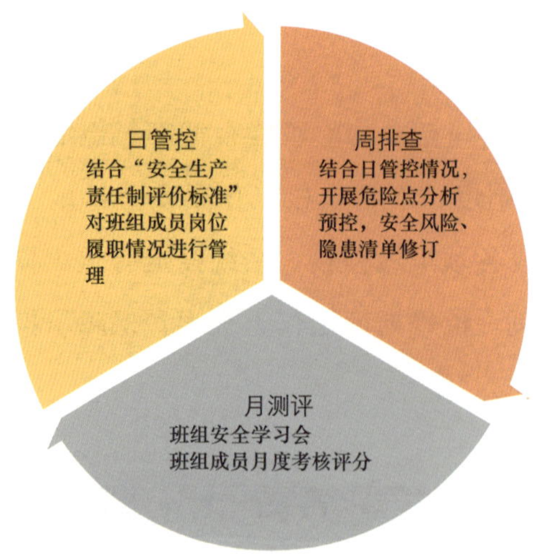

图 3 “日管控、周排查、月测评”机制

2. 精细化管理

运行三值根据班组成员的性格特点、业务水平、工作风格等做好班组“五大员”分工，如责任心强的担任“安全员”，有文宣特长的担任“宣传员”，做到事事有人管，各项工作有条不紊地进行，并充分发挥个人特长。

3. 民主化管理

坚持以人为本，以促进班组成员共同进步为原则，通过班组长定期谈心谈话，工会小组长关注班组成员需求，鼓励班组成员表达想法，共同交流，协助解决。积极参与公司组织的各项文体活动，活跃班内气氛，提升班组向心力、凝聚力，如积极参加职工台球比赛、羽毛球比赛，参加以廉

洁为主题的绘画作品征集活动、“冰雪情，冬奥梦”冰雪主题绘画作品征集活动等。

图 4　参加公司举办的制作咖啡拉花文体活动

（三）集思广益“抓效益”，聚力打好“攻坚仗”

围绕节约能源、降低损耗，积极探讨工作中发现的问题，发动班组成员拓宽思路、交流学习，进一步提质增效，确保机组经济运行。

1. 发现问题有思考

通过设备定期工作、现场操作、缺陷管理等，在发电量、汽耗、水耗、环保等方面进行分析、比对、思考，从而发现问题，解决问题，提高效益。如运行三值发现二期机组在运行时凝结水泵出口母管流量与低省进口低压给水流量一直相差超过 100t，导致凝结水泵厂用电居高不下。运行三值成立 QC 小组并从“人、机、料、法、环”五个方面进行分析研究，发现造成凝结水泵出口母管流量大的原因是汽轮机疏水系统疏扩箱减温水调节阀全开无法调节开度。经实验与分析，向汽轮机专业建议优化 5、6 号机组稳定运行时凝结水系统凝结水泵出口母管流量，配合专业编写优化试验方案，并进行相关试验，经部门同意试验后发现，可以减少凝结水泵出口母管流量 100t/h；凝结水泵电流与之前相比下降 6A，每年节省电费约 25 万元，公司计划对该设备进行技术改造。

2. 课题研究有成果

2020 年 1—12 月，运行三值开展了课题研究“缩短汽机补汽投入时长”，该课题获得 2021 年电力质量管理小组交流活动三等成果。2021 年 3—12 月，运行三值开展了 QC 课题研究“降低二期机组运行时凝泵厂用电”，该课题获得了上海奉贤燃机 QC 发布成果一等奖，并经上海电力行业协会推荐至上海质量协会。

（四）提升素质“抓技术”，时刻紧绷“思想弦”

做好科学的、有针对性的技术培养工作，着力做好班组队伍建设，提升班组成员技术水平。

1. 师徒帮带，一一结对

认真开展“导师带徒”活动，通过“师带徒，传帮带”，组织班组骨干与青年员工签订师徒协议，要求师父根据不同徒弟的个人情况因材施教，在不同阶段制定不同带教计划，通过师带徒走现场、找设备、讲系统、学原理，全面提高青年员工岗位技术水平和实际操作能力。

2. 持续学习，参与培训

按照部门年度培训目标，每月制定贴合运行实际的培训计划，每周开展“安全活动日”工作，重点注意近期发生的缺陷、隐患，认真做好三级安全培训。针对一些典型事故，组织开展事故预想、桌面演练，切实提高班组成员事故应急处理能力。同时运行三值总结形成“五式”培训方案（见表 2），综合运用各类培训方式，全面提升班组成员技能水平。

表 2　“五式”培训方案

讨论式	通过专题讨论，进一步提高认识，充实知识
答题式	通过问卷星、微信群，把安全管理规定、操作规程、应知应会等内容，以问卷形式发给大家
问答式	定期开展《电力安全工作规程》问答，每年组织《电力安全工作规程》学习提问
演练式	每月开展桌面演练，定期开展实操演练
见缝插针式	充分利用班前班后时间，见缝插针进行培训

图 5　调压站火灾事故消防演练

3. 检验成果，积极参赛

以考促学，以赛促学，鼓励班组成员积极参加集团公司及上海公司组织的各类技能竞赛活动，增强专业技能，提升综合素质。班组成员分别在安全应急技能大赛、“安康杯”安全知识竞赛、运行技术比武劳动竞赛、燃机值班员技能竞赛等比赛中获得名次。

三、取得成效

运行三值以“四抓”为着力点，扎实推进“五型”班组建设，通过班组成员的共同努力，圆满完成了各项生产任务，未发生过人为原因导致的设备异常和事故，班组开展的“缩短汽机补汽投入时长”“降低二期机组运行时凝结水泵厂用电”课题研究成效显著，班组荣获 2022 年度上海公司“‘五型’优秀班组”称号。下一阶段，运行三值将以更加坚定的信心、更加昂扬的斗志、更加务实的作风，鼓足干劲，踔厉奋发，推进班组建设不断迈上新台阶，取得新成效。

（撰稿人：唐嘉伟）

提升管理效能　攻坚破难促发展

华电国际电力股份有限公司奉节发电厂锅炉维护班

华电国际电力股份有限公司奉节发电厂（简称奉节电厂）锅炉维护班现有员工 15 人，本科学历 6 人，专科学历 9 人，高级技师 1 人，技师 1 人，工程师 1 人，中级工 10 人；其中最大年龄 49 岁，最小年龄 22 岁，平均年龄 31 岁。锅炉维护班自 2015 年成立以来，承担着奉节电厂两台机组锅炉设备的维护和检修工作，点多面广，是全厂能源保供的核心班组。多年来锅炉专业青年员工面对各方面的压力和困难，没有退却，积极奋进，每次大小修中带领班组青年突击队冲锋在一线，充分发挥在检修现场“前沿哨兵”作用，面对众多“疑难杂症”，迎难而上。锅炉维护班除了需要监督检修现场的外委工作质量以外，还要熟知每个工作点的安全监护要点，营造“人人为安全、事事讲安全”的检修工作氛围。班组先后获得奉节电厂迎峰度夏能源保供“先进集体”、2018 年重庆市“工人先锋号”、集团公司“‘五型’标杆班组”等荣誉称号，班组成员晋伟川获得重庆市“劳动模范”及集团公司“劳动模范”荣誉称号。

图 1　锅炉维护班合影

一、实施背景

奉节电厂自投产以来，一直面临设备改造升级快，班组成员流动性大，青年员工比重较高、技能水平与检修经验欠缺问题。此外，由于机组调峰模式，导致启停炉频繁，设备疲劳磨损大，检修任务重。

为了更好地团结班组力量，提升员工的职业素养，在班组管理中以“五型”班组创建为契机，以班组日常建设为抓手，提升管理质量，着力打造班组文化，合力营造和谐、奋进的班组氛围，提高员工综合素质，努力做好安全生产、提质增效、人才培养等工作。

二、主要做法

（一）真抓实干补短板，检修培训强练兵

锅炉维护班有效地把员工的学习转化为创造力，班组注重以“练”为基，通过集体学习、个人练习持续激发员工的学习欲望，使班组成员在交流互动中发挥创新思维和创造性才能，充分挖掘班组建设的内涵，练思想、练本领、练技能。班组坚持开展每周一讲、每月一考、每季一评、班组“应知应会”答题、线上答题等活动，强基础、练技能；开展师带徒活动，让徒弟自己选师傅，出现了师傅“紧俏”、徒弟抢师傅的场面；成立课题研究小组，解决生产实际问题，让职工主动学习、主动思考；举办各种业务技术学习、培训岗位练兵、反事故演习、模拟操作，积极组织职工进行技能鉴定；组织全员开展技术大比武，优中评优。

锅炉维护班紧密结合每次 1、2 号机组小修设备解体现场，通过“以老带新”开展毕业生及班组员工现场培训讲解，以实际操作为主，培养新员工动手能力及工作标准执行力，将理论知识与实践有机结合，让培训见实效。班组不断加强在岗班组成员的安全教育、学习培训工作，让新员工快速进入岗位角色，切实提高班组成员的业务技能水平，促使全员练就过硬的检修技能。

图2　培训讲解

锅炉维护班组织班组青年职工参加跨专业特种作业培训取证，考取高空作业证、电焊与热切割作业证，培养“一岗多能”“一岗专能”及“全能型人才”，使班组成员从专业型向复合型转变；组织人员参加特种作业培训，针对当前班组转机设备存在的难点问题，有的放矢地强化培训，提高班组成员对转机设备故障的解决能力，面对不同岗位，精准发力、因岗施教，变“大水漫灌”为“精准滴灌”。

（二）多措并举除隐患，压实责任保安全

锅炉维护班引导职工认真贯彻落实“安全第一、预防为主、综合治理”的安全生产方针，以实现“零事故”为目标，认真落实班组岗位责任制，严格遵守劳动纪律，加强基层建设、基础工作、基本功训练，禁违规、禁违章、禁红线。严格执行技术标准、工作程序和操作规程，强化班组执行力；切实加强风险管理，全员参与危害识别、风险评估，制订和采取控制措施，提高应急反应和处置能力；严格执行“不安全不生产，安全措施不到位不生产，隐患不排除不生产”，推进安全质量标准化建设；专项重大缺陷安排专人跟踪处理等，聚焦现场问题，落实专项行动，强化异常管控，夯实安全基础。多措并举，力争将安全管理延伸至最前沿“腹地”，将安全生产责任落实到“最后一公里”。

图 3　锅炉维护班开展制粉系统突发事故应急演练

推行现场“7S”管理，不断强化职工的标准化意识，做到上标准岗、干标准活，实现“设备安全达标，环境安全达标，工作质量达标”；充分发挥安全员和群监员的积极作用，从日常工作的监督考评入手，提高全员的责任意识和履职意识，筑牢班组安全生产的防线。

（三）精细规章提管理，脚踏实地抓质量

习近平总书记指出，担当和作为是一体的，不作为就是不担当，有作为就要有担当。班组员工紧紧围绕“全面质量提升年”主线，细化班组管理制度，明确班组成员的职责和工作要求，进一步理顺班组管理流程，实行巡检网格化管理，层层落实巡检责任；对不同设备的检查周期、检查项点、检查标准、检查方法和检查工具，都明确了具体要求和标准。同时，加强了对班组成员的考核和奖惩制度，激励班组成员积极工作，提高工作效率。

增强推进质量提升工作的自觉性和紧迫感，树立质量第一的强烈意识，发扬求真务实、真抓实干的作风，以钉钉子精神担当尽责，一件事情接着一件事情办，脚踏实地把既定任务变为现实，持续推动各项工作高质量落实落地并取得显著成效。

（四）团结协作促成长，互帮互助暖人心

班组职工牢固树立“和谐发展”的理念，以实现班组和谐发展为目标，坚持以人为本，努力营造职工关系和谐、工作协调、互助互爱的良好氛围，夸思想、夸活动、夸能力。注重职工的政治思想、职业道德教育，及时掌握班组成员的思想动态；组织开展班组读书、班组文体活动等班组文化活动，提升班组的凝聚力；推行班务公开、民主管理，发挥班组职工自我管理的主动性；建立班组职工家庭档案和困难档案，做好谈心、家访、生日祝福及送温暖等贴近人心、温暖人心的活动，班组员工出现困难时开展协调会进行倾斜帮助，把班组建成温馨的“职工小家”；班组成员互勉互励，“多用大拇指，不用一指禅”，多表扬少批评，充分激发、挖掘职工潜力，让职工带着微笑去干活，带着责任去工作，从而达到激励职工、促进和谐的目的，使班组每位班员都能感受到班组这个大家庭的温暖，形成班组强大凝聚力。

三、取得成效

锅炉维护班以本质安全为目标，围绕安全管理体系建设，充分调动了员工积极性、责任心，使用“将现场生产区域按工作负责范围进行区域划分，安排专人负责管理；专项重大缺陷安排专人跟踪处理”等方法措施，聚焦现场问题，落实专项行动，强化异常管控，夯实安全基础。班组达到了连续三年“零事故”的目标，实现了安全管控全方位落实，确保全年安全生产任务目标既定实现，完成了每一生产周期的安全要求。针对公司及维护部月度、节日性、季节性、专项性安全大检查和每周生产标准化检查发现的问题进行及时纠正，并“举一反三”实现问题清查的现场全覆盖。

锅炉维护班始终秉持“立足岗位学本领，精益求精干工作”的理念，利用小修契机，对1、2号炉高温再热器吊挂装置进行技术改造，从根源上消除管屏悬挂鳍片因应力集中而产生裂纹撕伤连接管材的隐患；将1、2号炉A、B空气预热器热端、冷端径向柔性密封采用不锈钢滚动式柔性密封结构，最大弹性补偿量大于50mm，使其始终贴着扇形板表面滚动，两滚轮中间的金属板与扇形板间隙保持为0～0.5mm，形成良好的烟气密封系统。当该滚轮机构离开扇形板后，

弹簧将滚轮机构弹起，以此循环进行。改造后，空气预热器漏风率由修前的 7.8% 降至 5%以内，降低供电煤耗约 0.3g/（kW·h）。为奉节电厂提质增效作出了较大贡献。

锅炉维护班始终坚持从严治理的思路，以加强基础管理为重点，不断修订完善班组管理机制，制定了一整套切实可行的管理和考核办法。在制度的执行上，坚持公平、公正、公开，严格考核奖惩，班组管理顺承规范化、制度化、严细化的轨道，实现工作质量、工作效率和安全水平的新提升。紧紧围绕“增效、降本、安全、和谐”的工作目标，在人员少、任务重、技术力量相对薄弱的环境下，以敢为人先的拼搏精神，狠抓质量，力保安全，强化培训，提升素养，做到生产全过程管理，脚踏实地地开展工作，使班组的各项工作都得到了提升，为奉节电厂的安全稳定运行作出了应有的贡献。

（撰稿人：晋伟川　刘学祥）

锚定“三百”创建目标　打造“三高”维护班组

华电西藏能源有限公司大古水电分公司维护部机械维护班

大古水电站位于西藏自治区山南市雅鲁藏布江中游，是中央支持西藏经济发展的重大项目，总装机容量 660MW，是西藏最大内需电源项目，2021 年实现“一年四投、当年全投”。

华电西藏能源有限公司大古水电分公司（简称大古公司）维护部机械维护班（简称机械班）成立于 2021 年 5 月初，现有职工 10 名（5 名汉族，5 名藏族），女职工 2 名，中共党员 2 名，平均年龄 27 周岁。班组主要负责大古水电站机械设备日常维护、消缺、检修等工作。班组以“五型”班组建设为抓手，围绕缺陷 100%消除、技能 100%合格、业务 100%数字化目标，打造一支朝气蓬勃、民族融合的“高标准、高素质、高成色”团队，以实际行动践行能源保供的责任与担当。

图 1　机械班合影

一、实施背景

大古水电站于2021年末全面投产，其面临新电厂新机组缺陷较为集中、新班组维护经验较为匮乏，青年员工技能亟待提升等挑战。大古水电站作为西藏装机规模最大的水电站，其装机容量占西藏电网总装机容量的13%，单机满发即超电网负荷的10%，形成了“大机小网”的特殊环境，对机组维护有极高标准和要求，因此必须以“五型”班组建设解决安全基础尚未夯实、技能水平欠缺等突出问题。

二、主要做法

（一）锚定缺陷100%消除目标，打造本质安全班组

1. 提升人员安全意识

遵循“不安全不工作”的原则，持续推进安全“双述”，按照“人、机、环、管”进行全过程、全方位的危险点分析和预控。开展以“提升青年安全意识 践行安全生产理念”为主题的安全活动，组织员工到安全体验馆亲身体会触电、坠落、VR模拟事故。依托“大古讲堂”开设安全小课堂“我是安全员，今天由

图2 安全教育培训主题活动

我讲”，开展安全技能培训 21 次，轮值安全员带领共同学习安全事故通报，切实增强班组人员的安全意识和安全素质，提高班组成员对作业风险的辨识、预控能力。

2. 创新实施“逢停必检”

创新建立“逢停必检”工作机制，制定《大古水电站机组逢停必检管理标准》，探索出“六步法”“84 字口诀”，建立各环节数字化工单，接收到机组停机信息后，班组人员在 1.5h 内完成检查和记录，充分利用机组停机时段高效开展检查、维护工作，以高质量维护确保机组安全稳定运行。

图 3 机组逢停必检（调速系统检查）

3. 扎实推进小指标劳动竞赛

成立“机械设备安全运行党员责任区”，党员模范带头、青年奋勇争先，实行设备“主人制”，全力推进以发现缺陷数量、消除缺陷数量及消缺率为核心指标的小指标劳动竞赛。落实考核措施，班组内部呈现“比、学、赶、帮、超”的良好氛围。电站投产后，机械班同参建各方及厂家打响“消缺攻坚战”，集中完成投产后新机组暴露缺陷消除工作。充分利用首轮机组检修机会，认真落实“两措”及“二十五项反措”要求，推进“精益化”检修过程管理，累计完成各类安全整改 200 余项，四台机组检修后实现“零缺陷”投运。

图 4　第二季度运行维护劳动技能竞赛

（二）锚定技能 100% 合格目标，打造素质过硬班组

1. 深化“汉藏师徒结对共提升”

针对班组 5 名藏族员工均为入职不满 4 年的青年员工，技术水平亟待提升情况，建立“一对一”帮扶机制，5 名汉族师傅与 5 名藏族员工结成“师带徒”帮扶关系，定制专属“成长手册”，从思想、工作、学习、生活四个方面对徒弟进

图 5　“师带徒”现场技术讲解

行“四导”。落实“饭后半小时谈心谈话”，通过班组聚会和藏族特色“过林卡”联谊活动，把集体的温暖和关心带给每一名员工，在提升班组凝聚力的同时有力促进了各民族交往交流交融，系紧了民族团结进步纽带。

2. 抓实岗位练兵

采取技术讲课培训、“现场直播”等多种渠道相结合的方式，逐步拓宽青年员工知识面。开展一期一题的“夜校日讲”，鼓励班组员工围绕当期检修及消缺遇到的问题，深挖原理、剖析对策。积极组织每月一次的“月考摸底”，全面参与公司实操为主的“季度竞赛”，系统检验知识、技能掌握水平。建立年轻员工跟班检修机制，帮助青年职工快速提升专业知识水平。

图 6　月度培训结果检测考试

（三）锚定业务 100%数字化覆盖目标，打造创新赋能班组

1. 推动班组数字管理

利用数字化（简道云）平台，不断探索“数字化”“流程化”“清单化”管理模式，完善班组各项业务数字化管控。建立班组展示模块，将班组荣誉、班组文化愿景及班组信息呈现于每位成员面前，提升班组的荣辱意识，增强班组的凝聚力；建立网格化管理模块，将全场机械设备细分到个人，树立成员的领地意识，提高成员工作主动性；建立定期工作及专项工作、班组培训、

物资管理、班组综合管理等模块，将传统班组管理方式变得更简单化、规范化、数字化。

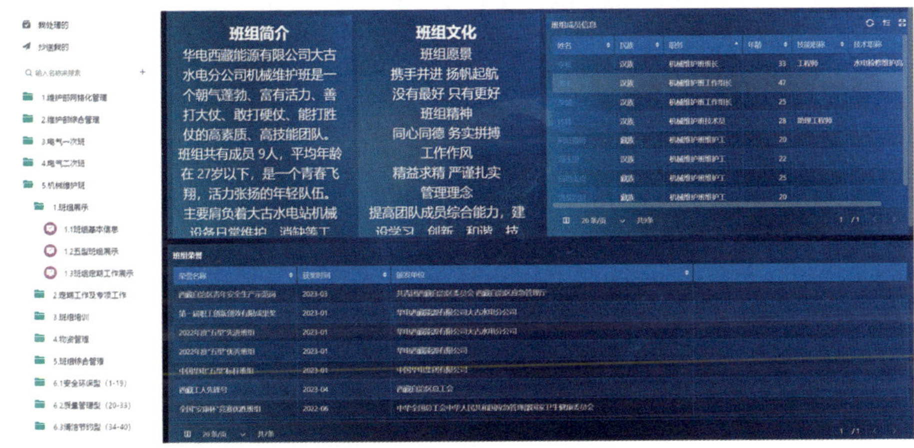

图 7　班组数字化建设

2. 激发创新创效活力

依托劳模工匠带头的大古公司“华电雪域先锋创新工作室”，机械班组织班组成员开展“头脑风暴”，利用“鱼骨图”“思维导图”等分析工具，从工作实际出发，聚焦检修工作中“带活页式”内开门危险系数高、难度系数大、耗费

图 8　创新创效课题分析讨论

时间长的难点和痛点，以提高安全性和工作效率为目标，通过现场测量、小组讨论、图纸绘画、工具制作、现场试验、标准操作流程编写，发明了一种内开式人孔门开关专用工具，并成功应用于电站机组检修现场。

三、取得成效

（一）机组消缺高标准

2022 年共发现机械设备缺陷 192 项，消除 190 项，消缺率 98.96%，其中主设备消缺率保持 100%，较投产之初提升 30%以上，夯实了电站安全生产基础。投产以来机组未发生非计划停运现象，2022 年大古水电站发电量占西藏自治区发电量的 20%，机械班全员以实际行动为西藏能源保供作出积极贡献。

（二）班组员工高素质

2022 年班组 4 名基础薄弱的“三定培养”藏族员工（指定向招收本地建档立卡贫困辍学生、定向在电力院校培养、毕业后定向在大古公司就业）月考合格率从 25%提升至 100%，其中藏族员工嘎玛欧珠还获得大古公司技能竞赛第三名，获得岗位提升。班组 1 人荣获西藏公司“优秀共产党员”称号、2 人荣获大古公司“先进个人”称号。机械班 2022 年荣获“全国‘安康杯’竞赛优胜班组”、集团公司“‘五型’标杆班组”、西藏公司“‘五型’优秀班组”称号，2023 年荣获“西藏工人先锋号”、西藏自治区“青年安全生产示范岗”称号。

（三）创新创效高成色

依托大古数字电厂平台，将数字电厂故障诊断系统、数字技术监督、生产管理系统、建筑信息模型（BIM）全息系统，将智能巡检、自动诊断等功能应用于实际巡检、人工分析诊断等工作，建立班组内业管理模块并 100%覆盖各项业务，极大提高日常工作效率。创新创效成果“一种内开式人孔门开关专用工具”可在所有倾斜角度难以开关的内开式大直径承压管道和容器门推广应用，荣获西藏公司第一届职工创新创效成果优秀奖，于 2023 年 4 月 21 日通过实用新型专利审批。

（撰稿人：李　松　胡俊义　陈　林　易虹利）

凝心聚力保生产　攻坚克难立标杆

江西华电九江分布式能源有限公司运行维护部运行三值

江西华电九江分布式能源有限公司（简称九江公司）运行维护部运行三值（简称运行三值）现有人员 4 人，平均年龄 31 岁，中级及以上职称 3 人，全部为大专及以上学历，是一支充满活力和激情的队伍，是一个业务素质优、知识技能强、管理水平高、创新能力强的先进集体。2013 年荣获九江公司“先进班组”称号；2016 年荣获集团公司“‘五型’班组”称号；2017 年班组一名成员荣获集团公司“安全生产先进个人”称号；2019 年荣获九江公司“先进班组”称号；2021 年荣获 2020—2021 年度集团公司“工人先锋号”称号；2023 年荣获集团公司 2022 年度“‘五型’标杆班组”称号。

班组长负责人为高级工程师、注册安全工程师，2021 年，其设计的一种便携式动力工程机械维修用手持装置获国家实用新型专利；2022 年，其设计的一种热能与动力工程用热能回收装置获国家实用新型专利，并作为领队组织参加了安徽公司安全技能大赛，分别获 2020 年团体第二名、2021 年团体第二名的荣誉。

图 1　运行三值合影

一、实施背景

运行三值坚持以习近平新时代中国特色社会主义思想为指导，深入学习贯彻党的二十大精神，紧紧围绕企业安全生产中心工作，充分发挥“工人先锋号”示范引领、带动激励作用，以落实安全生产责任制为重点，聚焦安全生产和班组反违章工作，认真贯彻“安全第一、预防为主、综合治理”的安全生产方针，在企业安全环保、经济运行、节能降耗等方面取得了优异成绩，圆满完成了既定的电量任务，为九江地区能源保供工作作出了积极贡献。

二、主要做法

（一）健全规章制度，全面抓好班组建设

近年来，班组讨论制定了“‘五型’班组建设规划”“关于创建‘五型’班组的实施方案”，从生产管理、质量管理、安全管理、现场管理、民主管理、班组核算、思想政治工作、文化建设八个方面提出了班组建设考评标准和具体要求，将安全业绩作为班组评选先进的否决性指标，形成了公平公正、奖惩并举的激励约束机制。2016 年，班组荣获集团公司“‘五型’班组”荣誉后，便将其

图 2　班组成员认真开展巡检及设备操作

新制定规章在其他班组之间进行推广，班组间争相开展了“我为设备找缺陷”征集活动，签订了“安全承诺书”，使员工安全意识入脑入心；每月开展“应急演练处置”活动、实训基地“安全技能大赛比武”活动，利用不同的形式，融智慧性、趣味性于一体，切实为班组建设营造和谐氛围，提升员工实际动手能力。

图 3　班组成员克服雨雪天气认真巡检

（二）严抓安全生产，孕育安全环境土壤

班组长作为班组安全第一责任人，与成员签订年度安全责任书，旨在将目标层层分解，责任落实到位。严格依照《电力安全工作规程》推动安全责任制的落实，加强安全考核，长期开展重大隐患排查和治理，班组全员参与危害因素和危险源的识别，做好安全应急预案，做到应急预案有计划、有记录、有总结。排查不留死角，及时消除事故隐患，将安全风险降到最低。严格执行“两票三制”，做到“四不伤害”，各种人防、物防、技防措施到位，特种作业持证上岗，劳动保护用品按要求配备和使用。安全工器具定期检验、齐全完好。定期开展危险源辨识、危险点分析。全力做好抢发电量工作，班组人员加强机组参数监督和设备巡回检查，提高隐患排查能力，及时发现和消除初期异常情况。

图 4　班组集中学习讨论燃气轮机技术问题

（三）强化设备管理，创建清洁高效班组

运行三值从内部管理上下功夫，总结出“三清、二查、一讨论”法，积极开展机组规范化治理和平台清污活动。工作中，机组实行“养为主，修为辅”“谁保养，谁负责”的工作原则，严格执行设备管理的“十字”作业法，杜绝跑、冒、滴、漏现象发生。班前班后按照“7S”（整理、整顿、清扫、清洁、安全、素养、节约）管理要求，做到真实、准确、整洁，有可追溯性。强化设备巡检工作，重点查看各辅机油位、各电子间湿度等影响设备正常备用的关键因素，发现异常及时处理。加强热网供热全过程管控，加强热网巡检工作，巡检过程中特别检查有无支墩偏移、保温破损、跑冒滴漏等现象，确保巡检工作不走过场。

（四）发扬互帮互助，营造团结友爱氛围

班组利用党支部建设平台，积极开展“党员先锋岗”攻坚活动，高度重视“迎峰度夏”和党的二十大保供工作，在新冠疫情的特殊时期，发扬互助精神，班组值长等多名同志扎守在公司宿舍，“在关键时候站得出来”“在重要时期顶得住”，缓解了公司疫情期间工作人员不足的问题。充分发挥班组职工的主体作用，形成自主管理的浓厚氛围，激发班组职工自觉、自愿、自动地发现问题、

解决问题。适时通过班组民主生活会、班务会、公告栏、网页等形式，公开涉及班组员工切身利益的相关事项，如奖金考核、班费使用、先进推荐、培训安排等。积极开展建家活动，打造具有凝聚力、归属感的“华赣小家”。

图 5　班组成员集体参加羽毛球赛活动

（五）注重培养提升，繁育学习成长硕果

运行三值运用个人自主学习和团队合作学习相结合的学习模式，注重全员学习能力、思维能力、创新能力及职工技能的提高，建立学习型团队。将“全能值班员”作为目标，通过集中培训，班组成员的职业道德和职业技能得到不断提高，较好地掌握了设备操作要领，成为一支高素质的职工队伍。定期学习党和国家的方针政策、法律法规等，不断提高职工思想素质、道德水准、职业素养。努力为职工学习技术、业务创造条件，鼓励职工参加专业理论学习和教育，提升专业理论水平。班组根据工作需要和职工实际，制定针对性、实用性强的班组培训计划。班组全员培训参与率达到100%，个人学习全年均不少于60学时，并将职工培训成绩纳入班组内部绩效考核。班组成员积极参加公司开展的岗位练兵、技术比武等活动，积极参加上级组织的各种技术比武和技能大赛，班组职工操作水平得到提升。

三、取得成效

运行三值提质增效成效显著，助力企业高质量发展：

一是化学人员精准化验，改变过去制水就加药的操作习惯，根据水质变化情况科学加药。制定一套合理的加药流程，既保证水质合格，又节省化学药品，成功经验复制推广至各个班组，公司药品同比节省 20%。

二是针对燃气轮机此前雨季因进气滤网差压过高而导致需停机检查、更换滤网这一难题，班组摸索出在下雨前先减燃气轮机负荷，保证进气滤网差压在合理范围内的方法。该方法可防止大雨来临时水珠堆积在滤网，从而造成进气过少，解决了燃气轮机进气滤网压差需停机更换滤网的问题。

三是针对企业夏季真空较低的情况，该班组加强对凝汽器端差的监视。将以往一周一次投凝汽器胶球清洗改为一周投两次胶球清洗。降低凝汽器端差，提高机组换热效率，同时增加循环水池换水，凝汽器真空较以往上升 1kPa。在圆满完成各项保供电任务的同时，各项能耗指标均有所下降，公司效益得到提升。

四是为解决投产以来的热网管损过高问题贡献力量，完成公司降管损年度目标，实现九江公司热网扭亏。公司成立了降管损领导小组，班组成员积极响应，积极参与研究论证管损偏大主要因素，并针对问题提出降管损具体措施意见。班组成员认真总结并吸取降管损工作开展以来取得的经验和教训，针对现有工作制度、管理流程、供热合同版本及日常管理手段要素进行自我革新，最终实现热网管理的有效提升。截至 2023 年 7 月底，年度热网管损完成 15.45%，低于江西公司下达考核值。

展望未来，运行三值全班员工立足本职岗位，不断增强斗争本领，破除围墙思维，在不断学习实践中提升自我，在重点任务攻坚克难过程中开拓创新，通过学习，自觉消除“本领恐慌”，不断地适应发展变化的形势，适应企业发展需要。

（撰稿人：何越军　陈　理）

班组长篇

精于工 匠于心 品于行

华电淄博热电有限公司热控检修分场机控班班长常乐鹏

凭借着勤奋刻苦、善于钻研的精神，他迅速成长为热控专业的技术能手；凭借着踏实肯干、任劳任怨的态度，“90 后”的他很快成为机控班的带头人。不轻视任何一个信号，不忽略一个疑点、不放过一个隐患是他的工作准则。始终秉承“执着专注、精益求精、一丝不苟、追求卓越”的“匠人精神”，时刻为公司发展奉献自己的青春。他是华电淄博热电有限公司热控检修分场机控班班长常乐鹏。

常乐鹏，2015 年毕业于青岛农业大学通信工程专业，进入华电淄博热电有限公司（简称淄博公司）从事热控检修工作，他用 7 年时间从一个热控检修“小白”磨砺成了“行家里手”。在工作中，本着“一次把事情做好”的原则，尽职尽责地在自己的岗位上发光发热，曾多次获得淄博公司“先进生产者”“优秀班组长”“优秀共产党员”等荣誉称号。他所带领的热控检修分场机控班先后获得山东公司“本质安全五星班组”“‘五型’优秀班组”“工人先锋号”等荣誉，2022 年被评为集团公司“‘五型’标杆班组”。

图 1 热控检修分场机控班班长常乐鹏

一、内修，提升个人素质

书山有路勤为径，学海无涯苦作舟。勤能补拙，即使专业不对口也可以积少成多、集腋成裘、聚沙成塔。常乐鹏大学学的是通信工程专业，初到热控检修分场，他完完全全就是个“小白”，面对现场数不清的设备，他没有慌，为了尽快熟悉设备，他一有时间就拿着笔记本到现场，认真记录着每层设备的分布，绝不放过任何一个细节。在做好自己本职工作的同时，他经常观摩其他师傅工作，对自己不清楚、不明白的问题，一定要弄个水落石出，“打破砂锅问到底”的精神在他身上得到了很好的诠释，他也因此快速掌握了热控检修的基本技能。师傅领进门，修行靠个人。常乐鹏并没有就此止步，他总是扎根现场，将理论学习与实战演练相结合，通过实践不断提升业务水平，练就一身过硬的检修本领，慢慢地从一个热控检修“门外汉”变成了政治过硬、技术全面的“专业大拿”。

图 2　瓦温元件检查

二、外练，打造一流团队

常乐鹏深知“一枝独秀不是春，百花齐放春满园”的道理，为帮助班组成员成长成才，进一步满足成员学习需求，他积极探索检修技能培养新模式，利用线上平台碎片化、高效率和互动性强的特点，结合班组工作性质搭建“云”课堂，将常见的各类设备检修调试步骤、典型热控设备故障处理方法及步骤制作成操作演示视频、问题处理说明书，通过他创建的“热控机控班”公众号定期推送，让班组成员随时随地都能精准查阅资料处理问题；他充分发挥成员特长，传承“名师带徒”的优良传统以及技术骨干的“传、帮、带”力量，制作专业知识 PPT 并发布在“雁阵”平台上供成员学习；打造培训交流微信群，把培训课堂变身职工的“掌中宝”，在机组大小修的全过程及日常消缺维护工作中，员工随时记录并分享工作学习感悟，在微信交流群“你一言，我一语”的畅所欲言中使员工眼见为所用、所用即所得，大幅提升班组成员的技能水平。

图 3　对新进班组成员进行现场教学

三、律己，做好工作表率

“身为班组负责人就是要关键时刻站出来。”每当工作中遇到困难时，常乐鹏总是身先士卒地冲在最前头。2019 年 9 月，他作为热控检修方面的技术骨干，负责 3 号机组汽轮机监视仪表（TSI）设备升级改造，面对新设备、新系统，常乐鹏白天忙改造，晚上查阅资料、请教厂家，加班加点已成家常便饭，在他和团队的不懈努力下，历经 15 天，顺利完成 3 号机组 TSI 设备系统升级改造，达到设备上电一次成功，保护试验一次成功，确保机组如期投入运行。

2020 年 10 月，淄博公司 3 号机组高背压改造正式拉开帷幕，他投身技术改造现场，严格安全、质量、工程进度三把关，参与并完成汽轮机 31 支轴系设备更换、凝汽器循环水进出水 3 台电动执行机构更换、汽轮机 65 支壁温元件更换等重大项目，成功消除缺陷数十项，圆满完成技术改造任务。

图 4　增加设备防寒防冻措施

2022 年 10 月，为提高 5 号机组供热能力，切缸改造与机组检修重叠进行，面对“人员少、任务重”的困难，常乐鹏认真谋划、统筹安排，充分发挥班组每一个成员的积极性和主动性，并用早上第一个到、晚上最后一个走的实际行动，带领班组成员连续奋战 30 天，在圆满完成 5 号机组所有检修项目的同时，同步完成切缸改造热控设备的安装工作，为公司提质增效注入了强劲力量。

2022 年 12 月，新冠疫情在能源保供的关键时期来袭，班组成员相继“中招”居家休息，为保证班组工作顺利开展，他舍小家为大家，第一时间选择驻厂，全身心投入工作中，“我是班长，我绝不能倒下。”就这样，他带着这份责任和信念，坚守岗位 30 多天，即使中间感到身体不适，仍坚持工作，保证了机组的安全稳定运行。

四、创新，促进技术提升

惟创新者进，惟创新者强，惟创新者胜，惟有创新方能行稳致远。常乐鹏深知技术工作中创新的重要性。他依托公司职工创新创效活动、“五小”及 QC 活动等平台，带领班组成员开展技术创新活动，工作之余组织班组成员学习新技术、新工艺，结合现场设备和常见问题开展技术研讨，鼓励大家利用学习的新技术对现场的设备进行改造和革新，不断激发班组成员创新活力，提升班组成员创新能力，营造良好的班组创新氛围。

2021 年，他通过对 5 号机组汽轮机绝对膨胀参数采集系统进行优化，将绝对膨胀检测设备直接接入本特利卡件，成功解决了因绝对膨胀中间测量表故障而经常出现的顽固缺陷，累计节约检修费用 10 余万元。该项实施成果获得山东公司第六届青年创新创效成果金奖。

图 5　查找设备损坏原因进行修旧利废

2022 年，他又通过对 4 号机组低压缸就地转速表信号测量方式进行兼容改造，提高了转速表抗干扰性，成功解决了汽轮机冲转过程中转速超过 1200r/min 时因传感器产生的脉冲信号峰值超出转速表可正常承压检测范围造成转速测量值无法正常显示的故障，保证了机组启停及运行过程中转速的准确性。该项实施成果获得淄博公司精益化改善二等奖、山东公司创新创效成果优秀奖、国家实用新型专利。

五、凝心，激发班组活力

常乐鹏十分注重班组成员之间的团结，他常说“人心齐，泰山移”，只要班组成员团结一致，劲往一处使，就能战胜任何的艰难险阻。在日常工作和生活中，他会不定期地与班组成员进行谈心谈话，适时了解班组成员的内心想法，掌握他们的思想动态，发现有思想波动的员工他会及时与其沟通交流，帮助班组成员走出困境。他常常同班组成员说“开开心心地工作是度过一天，烦烦气气地工作也是度过一天，我们为什么不选择开开心心度过每一天呢？”不管何时何地，不管工作多苦多累，他的脸上总是洋溢着幸福的笑容，他那乐观开朗的心态不断影响着其他人。在他的带领下，机控班氛围变得更加融洽，班组成员之间相处更加和谐。

有志者，事竟成；苦心人，天不负。作为电力行业的一名基层员工，常乐鹏是一个既平凡又优秀的人，他总把工作摆在首位，勤勤恳恳、任劳任怨，以实干担当为公司的改革发展不断贡献着自己的青春力量。

（撰稿人：常乐鹏）

践行“六匠”素质　做勇毅争先的海电人

华电（福建）风电有限公司运行维修部运维 B 值值长周孙鹏

华电（福建）风电有限公司运行维修部运维 B 值值长周孙鹏是一名“90后”，他始终以严于律己、忠诚尽责的工作作风扎根风电场一线，用满腔热血践行初心使命，用精湛的业务能力赢得领导和同事们的一致认可。作为年轻的管理者，他在工作和生活中时刻严格要求自己，带领班组成员勤学习、踏实干，一直保持“零违章”成绩，他用实际行动践行自己的责任与担当，用自己的一言一行诠释了海电人的优秀品质。

图 1　运行维修部运维 B 值值长周孙鹏

一、练就“铁匠”身板，磨炼超高过硬本领

打铁还需自身硬，无须扬鞭自奋蹄。作为一名党员，周孙鹏同志重视政治理论学习，不断提升党性修养，脚踏实地，甘于奉献。从 2014 年入职以来，他非常注重专业技能学习，以求真务实的工作态度投入每一项工作，在理论学习

的基础上，通过实际操作、现场观摩等方式提高自身技术水平。同时，投身各类设备技改项目，接触新设备，汲取新技术；通过技术比武，不断充实和加固自身业务水平与知识储备，努力提高实操水平和理论知识水平。工作至今，从未发生过不安全事件，累计倒闸操作及工作票无差错达上万项，发现设备缺陷上百条，在设备运行方式变化及出现异常、故障现场能正确分析，正确判断，正确处理，保证管辖设施稳定安全运行，工作至今当班内“无事故”。2018 年，荣获福建公司第二届职工创新创效成果三等奖；2019 年 11 月，在国家级期刊《建筑工程技术与设计》发表技术论文《电气自动化技术在电力系统生产运行中的运用探讨》；2023 年，带队完成的“福建风电公司运维部海上风电运维精细管理工作法”荣获福建公司第六批职工先进操作法（工作法）。

二、拥有“木匠”尺度，建立健全班组建设

作为班组的“领头羊”，在班组管理方面周孙鹏值长做得面面俱全。由于班组成员均为“95 后”，比较年轻化，但自律性并不强，他充分利用这一特点，通过结合公司的各项规章制度，制定了“运行维修部 B 值班组民主管理制度”“运行维修部 B 值班组安全管理制度”“运行维修部 B 值班组技术比武管理制度”“运行维修部 B 值班组教育培训制度”等一系列班组管理规定、考核标准，细化

图 2　开展班组阵地标准化讨论

保证人员操作的正确性，周孙鹏值长经常积累经验，并带领班员到现场开展实操培训，通过手把手教学、一遍遍练习和现场考问等方式提高大家的业务技能水平。

图 4 开展实操培训

周孙鹏认为，作为值长就是要处处做好表率，否则就不能服众，带不了队伍、干不好工作，因此他总是积极主动报名各类技能培训，并鼓励班员多参加、多学习。即使是培训在外，他都会第一时间将所学的知识毫无保留地与班员们分享、传授经验，分析在日常工作中的注意点，切实做好“传、帮、带”工作。2022 年，因福建省“匠心杯”新能源风电运维技能大赛培训的时间紧、任务重，他差点缺席妻子的分娩，错过自己第一个孩子的诞生成为“迟到爸爸”。大家都说他带的班组是特别能吃苦、向心力强的集体，他却总是谦虚地说：“这都是大家一起努力的结果，我只是做一些力所能及的事情。”

星光不负赶路人，江河眷顾奋楫者。周孙鹏值长把忠诚与担当扛在肩上，将激情与汗水留在热爱的岗位上，充分彰显了一名基层班组长的“六匠”素质，以饱满的精神状态和精益求精的工作方式向着更高目标出发，以事不避难、敢于承担、奋勇向前的精神坚守在生产一线，做乘风破浪、勇毅争先的海电人。

（撰稿人：李雅娜 周孙鹏）

匠心铸就巾帼班长

四川广安发电有限责任公司燃料管理部化验班班长吴凡

吴凡，于2015年入职四川广安发电有限责任公司（简称广安公司），现任广安公司燃料管理部化验班班长。工作以来，她扎根生产一线，在思想上积极进步，工作上认真刻苦、勤奋上进，在短短时间内取得了优异的业绩，得到了公司和广大职工群众的认可，先后获得四川公司“青年岗位能手”“先进个人”等荣誉称号。

图1　燃料管理部化验班班长吴凡

一、脚踏实地，业务技能达一流

大学一毕业，吴凡就在广安公司维修部热工队成为一名检修工人，主要负责烟气排放连续监测系统（CEMS）仪表及化学仪表的维护和检修，她学习用心、工作扎实，在热工队期间，未出现一次因CEMS维护不当而导致环保超标现象。

2019年3月，吴凡被调至燃料管理部化验班担任化验员，当时正赶上四年一届的四川公司燃煤采制化技能大赛，在短短两个月的备考时间里，她拿出备战高考的状态，以魔鬼般的高强度实战训练，最终取得了竞赛化验组第三名的好成绩。2023 年 4 月，她再次代表广安公司参加四川公司第七届燃煤采制化技能大赛，700 页的煤质化验检测国家标准手册写满了笔记，化验操作台、器具设备，需要手摸、胳膊触碰的地方，都因她反复做实操演练而摩擦得锃亮。“梅花香自苦寒来”，这一次，她顶住压力、迎难而上，取得了化验个人赛一等奖，并获得四川公司“技术能手”称号。2023 年 6 月，她代表四川公司参加集团公司组织的第 44 届技能大赛（燃煤采制化）决赛，获化验项目个人赛铜奖，被授予集团公司“技术能手”“青年岗位能手”称号，同时，作为四川公司代表队成员，取得了团体赛三等奖的好成绩。

图 2　技能竞赛获佳绩

没有金刚钻，不揽瓷器活。2019 年，在得知公司有意将自己作为燃料管理部煤质检验中心技术负责人和授权签字人培养时，她深知自己的业务技能水平需尽快提升，就主动提出参与燃料管理部体系文件“质量手册”“程序文件”“作业指导书”的修编工作。通过一年的修编工作，她完全达到了该项工作所需的能力要求。2020 年 6 月，她担任化验班副班长，并主持化验班开展工作，此时正逢煤质检验中心进行中国合格评定国家认可委员会（CNAS）复评审，她凭借过硬的专业水平，带领化验班连续两次成功通过 CNAS 复评审，并完成碳检测

项目的扩项。作为化验班负责人，她主持参加华电电科院及煤炭科学研究院组织的“能力验证”活动，连续四年取得满意结果。组织化验班制作化验“质量控制图”，完成各检测项目方法验证。在化验数据质量控制方面，她已然成为一名优秀的技术负责人。

二、善于钻研，创新创效竞一流

对创新创效活动的开展，她一直有着自己的想法，一个好的课题需要充分发掘班组优势、技能水平来完成。她来到化验班后，成立“燃料化验 QC 小组”并担任小组组长，小组中有的同事经验丰富，有的擅长分析，有的理论知识面广，班组成员各有所长。她充分发挥班组每位成员的自身特点，集众人的智慧来完成课题，立足岗位，用心钻研，结合人员结构、设备现状、廉洁防控、成本耗材、环境保护等方面，积极开展 QC 活动，探索专业相关的技术难题。近年来，小组课题获 2022 年电力行业质量管理小组交流活动三等奖、四川省电力行业协会 2021 年度质量管理（QC）小组活动成果二等奖、四川省电力行业协会 2023 年度质量管理（QC）小组活动成果三等奖、2023 年电力行业质量管理小组交流活动二等奖。

图 3　积极开展创新创效活动

三、加强管理，班组建设创一流

公司燃料成本占发电成本的 70%以上，燃煤化验的准确性至关重要。作为燃料管理部化验班班长，她以“质量第一、差错为零”为工作目标，始终秉着对化验数据负责、对企业负责的态度，发扬精益求精、严谨细致的工作作风。2019 年至今，化验班人员由原来的 13 人减少为 8 人，但在入厂煤化验工作量比 2019 年增加 48.5%的情况下，她有序高效地组织化验班日常工作，按时、准确上报燃煤化验数据，入厂煤化验准确率达 100%，高标准完成商品煤的化验工作，未发生因煤质化验异常而产生纠纷现象，为商品煤及时结算奠定基础。

燃料管理部化验班全员为关键岗位人员，廉洁从业至关重要。她重视廉洁文化的建设，设立廉洁文化长廊，深化廉洁教育。定期开展廉洁自查，以人防、物防、技防为重点，查找可能存在的风险点，曾主动向部门提出化验室可能存在的监控死角。提出了随机抽签确定化验项目，优化化验工作安排，防范廉洁风险的合理化建议，并在采样班和制样班推广使用。

图 4　班组建设显成效

班组管理方面，她得到了公司和部门领导的认可，在担任班长的三年时间里，她带领化验班获得多项荣誉，连续三年获广安公司“先进集体”称号，先后获评“先进女职工集体”“抗疫先进集体”“四川省五一巾帼标兵岗”。在“五型”班组建设创建中，获2020年度四川公司“‘五型’优秀班组”、2021年度集团公司“‘五型’标杆班组”称号。

四、关爱同事，以人为本显一流

她在管理班组时，时刻秉承以人为本的管理理念，持续营造和谐温暖的班组氛围。作为化验班最年轻的职工，她尊重化验班每一位班员的需求，关心班员身心健康。在工作之余，经常组织班员开展乒乓球、跑步、跳操等文体活动，促进了班组和谐氛围的营造，加深了同事间的感情。

“我是班长，我必须在抗疫保电第一线！”在疫情突然袭击广安时，她作为第一批封厂上班人员驻守生产现场。封控期间，她主动将行军床让给班上年纪大的员工，自己在沙发上凑合过夜。当得知副班长的母亲感染新冠病毒时，她主动承担了班组所有管理工作，为副班长请假照顾母亲创造了条件。

社会在不断发展，竞争愈来愈激烈，只有不断学习，增强自己竞争力，才不至于被淘汰。吴凡说，在干好本职工作的情况下，还要不断增强继续学习的能力，不断提高业务技术水平，善于向实践、书本和先进学习，不断丰富自己岗位专业知识，熟练掌握专业业务技能，在平凡的岗位上实现工作创新，用实际行动践行“改善无止境，进步无终点”。

（撰稿人：吴　凡）

用热血浇灌荒原　用青春谱写赞歌

内蒙古华电蒙东能源有限公司久和风电场检修一班班长王鹏

他坚持做好工作的每一天，在安全、质量、进度上都能画上圆满句号。32岁的他，对工作有着不懈追求，所带领的班组多次获得集团公司“‘五型’标杆班组”、内蒙古公司“‘五型’优秀班组”、内蒙古公司“先进集体”、内蒙古公司“工人先锋号”等荣誉称号。他就是内蒙古华电蒙东能源有限公司久和风电场检修一班班长王鹏。

自2016年7月进入风电场工作以来，王鹏从刚走上岗位的新手“小白”到如今成为久和风电场检修的“行家里手”，从“象牙塔”走出的新职工到如今逐渐成长为风电场的“顶梁柱”，王鹏扎根在内蒙古赤峰市克什克腾草原上，以“干就干最好、争就争一流”的匠心，始终坚守“保障安全发电就是保障兄弟生命”的初心，在风电检修这一平凡、单调、冷清的岗位上作出了不凡的贡献。

图1　久和风电场检修一班班长王鹏

一、勤学苦练，练就过硬本领

纸上得来终觉浅，绝知此事要躬行。他深知光靠理论知识是不够的，只有把书本理论与工作实践有机结合起来，用理论指导实践，在实践中检验和丰富理论，才能提升和历练自己。为此，他始终保持刻苦学习与钻研的精神状态。

他坚定不移地朝着“干就干最好”的目标努力。虽然在风电场自主运维初期工作条件差、劳动强度大，偶尔看着满身油污的工服、磨起的手泡、厚厚的老茧和年复一年日复一日重复着同样的工作，难免有些失落，也曾经有过激烈的思想斗争，但好在王鹏是一个不会轻言放弃的人。“梦想实现不光是想，更多的是去做。只有扑下身子，认认真真学，踏踏实实干，才能梦想成真。”王鹏说。他抓住每一次学习充实自己的机会，在实干中学本领，一门心思扑在工作上。风电场停电预试期间，白天和老师们一块在现场干活，对停电过程中出现的各种故障及处理方法仔细观察、认真记录、虚心请教；晚上在宿舍翻阅相关图纸、资料、设备说明书，加深理解，积累经验；别人休息，你会看到他敏而好学不耻下问地求索；别人下班，你会看到他主动加班强化技能的身影。就这样，王鹏通过勤学、请教、钻研、巧练和一股永不服输的干劲，很快在平凡岗位上脱颖而出，成为风电场检修岗位上的佼佼者。

二、甘于奉献，彰显榜样力量

炎炎夏日零上 40℃的高温、冰寒地冻零下 40℃的低温，雷暴、沙尘暴、暴风雪、白毛风等恶劣环境的考验……七年的工作经历、七年的一线坚守，他用心守护着方圆 112km^2 矗立着的 217 台风电机组，他用双脚丈量着 170km 线路上的每一个杆塔，他用行动上下攀爬着 70m 高的风电机组，在茫茫草原上发挥着党员先锋模范作用。

作为一名班组长，保证设备正常运行不仅需要过硬的本领和直面困难的勇气，更需要严谨的工作态度。王鹏用他扎实的工作技能、身先士卒的工作态度在班组中起到极大的榜样带头作用，赢得了班员们的一致认同。

他从业务培训、安全管理、现场作业、文明生产等方面入手，制定了风电场检修规程、运行规程、“两外”人员管理要求、奖惩细则等一系列标准制度，规范了安全“双述”动作技术要领；创新了定路线、定观察点、定检查项目、定完好标准的“四定”设备巡回检查法；修订完善了风电场事故处理规程，对可能出现的各类事故进行预想分析，制定了针对性应急处理预案，常态化开展事故应急演练，并把每次应急演练都当成实战来对待。

图2　冬季徒步进行风机故障检修

“态度决定一切，责任成就一切”这是王鹏的人生信条。工作中他率先垂范、以身作则，严格要求自己，几年如一日，他每天都是第一个到达工作现场并坚守到最后一个离开，工作期间实现了对60支外委队伍400余人次的安全及防疫管控，有序完成齿轮箱及主轴发电机等大部件更换、齿轮箱塔上维修、发电机轴承更换、叶片维修等40余次较大风险作业，带领班组成员开展设备巡检、隐患排查、春秋检、小散远企业安全排查、防汛检查、防寒防冻、防火等20余次专项隐患活动，发现处理问题千余项，有效保证了设备安全稳定运行。

三、潜心研究，提高生产效益

由于工作踏实肯干，业务能力突出，2018年，王鹏被任命为久和风电场检修一班班长。面对新岗位，他不等不靠、主动出击。

由于班组新员工较多，加上久和风电场是内蒙古华电蒙东能源有限公司设备最多、机组机型最全、人员素质要求最高的场站，王鹏根据工作需要和班员

技能薄弱点，利用工作间隙查阅大量资料，研究现场实际，先后制作丰富完善PPT培训课件30余篇。每年制定全年学习培训计划，再分解到每个月，培训内容包括主要设备的结构、性能、原理、操作方法、注意事项，常见故障处理，“两票”规范填写等内容，培训方式主要为现场培训。他认为把简单的事情做精才是能力，所以要求班员反复学、重复学，坚持让大家轮流上台讲，让班员在讲述中熟悉设备、掌握方法、得到锻炼、树立自信。

图3　讲解风机功率曲线查看及分析方法

在2019年6月风机出质保前夕，他提前谋划，对历年备品备件更换情况进行分析，科学制定备件储备计划，打破以往依靠设备厂家维护的心理，通过远程技术辅助，提高故障判断、分析、处理能力，带队进行故障检修，增强员工实践技能。一方面，制定完备的学习计划，分享检修心得，每日早晚班会后开展半小时学习，对当日检修技术心得进行交流，通过小分享，帮助班组成员培养风机故障分析、判断能力；另一方面，总结记录机组各种疑难杂症的原因及处理方法，引用借鉴、防患未然。诸多提高自主检修手段，逐步将班组成员培养成技术骨干，使得出质保后的12个月总发电量同比增加1.3亿kW•h，故障停机损失电量同比降低178.243万kW•h，设备可利用率提升0.38个百分点。

四、凝聚智慧，深化创新创效

不断创新和持续改进是班组发展的支点。他立足岗位实际，全力进行小改小革、创新操作方法实践，把工作落脚点放在工作质量的提升上，从创新工作方法上下真功夫，确保机组安全稳定运行。

图 4　进行创新项目图纸绘制及讲解

近年来，他凝聚集体智慧，发挥每名班组成员所长，成立“捕风”QC 小组，每月定期召开班组创新专题会议，结合日常工作所遇、所见难事，研究课题活动方案，实时推进创新项目，解决了数十项安全生产难题。

“当前风机在完全停止旋转状态下，机舱至叶轮没有任何保护装置或设备，工作人员可以随时进入叶轮内部，存在极大的危险性”，针对这一问题，他带领班组成员多次研究、实验，设计了“叶轮锁联动保护”设备，通过在风电机组叶轮入口处增加盖板、电磁锁、限位开关等元件，降低检修人员误进入或违规进入轮毂内部带来的风险。“当前风电机组原有齿轮箱的冷却系统只有循环、冷却、净化润滑油的作用，而没有对整个冷却系统保护的功能，当齿轮箱内部产生杂质时，容易造成对出油管的损坏”，针对这一问题，他带领班组成员研发设计了齿轮箱冷却系统出油管路保护设备。此外，班组还研发出“一款关于风电机组齿轮箱漏油检测系统”“一款关于风电机组高强度螺栓的防松指示器”“一

款关于风电机组机舱罩下沉修复的专用工具”“一款偏航系统集尘装置”等7项成果，其中5项已取得国家级实用性专利证书。

星光不问赶路人，韶华不负追梦人。七年来，王鹏带领班组成员从未停下脚步，奔跑山区里，挥洒着汗水，奉献着青春。他们以风蓄能，御风而行，将风能转化为清洁电能，源源不断地为我们输送能量，点亮了我们的美好生活。

（撰稿人：魏　来　王　鹏）

扎根华电不忘初心　煤海奋楫不负韶华

内蒙古蒙泰不连沟煤业有限责任公司探放水队检修班班长康家乐

“年轻人就该到最艰苦的地方去，越是艰苦的地方，越能看到壮美的星辰大海。”彼年 23 岁的康家乐，怀揣着炽热的勇气，选择了只身他乡，毅然投身于煤炭事业。从煤炭洗选到巷道掘进，再到矿井勘探；从钳工新手到岗位能手，再到管理干将；十二载匆匆而逝，岁月让他多了一份沉稳，却不曾让他的初心蒙尘，他始终用行动诠释着对华电的热爱。

康家乐，2011 年 6 月加入内蒙古蒙泰不连沟煤业有限责任公司（简称不连沟公司）工作，现担任探放水队检修班班长职务，被评为不连沟公司 2019 年度“安全先进个人”，曾获华电煤业第十一届技能大赛团体一等奖。近年来，康家乐带领检修班成员精心检修保安全，一丝不苟促生产，大力推动班组小改小革和修旧利废工作，对探放水队的提质增效和安全生产作出了重要的贡献，班组先后荣获华电煤业“优秀班组”、集团公司“‘五型’标杆班组”称号。

图 1　探放水队检修班班长康家乐

一、“他山之石，可以攻玉”的体现者，虚心听纳、与人为善

康家乐以“虚心下问，集思广益”作为自己工作的座右铭，在工作中看到自己不了解的操作内容就会时时发问，直到自己学会并熟练为止，因此康家乐在煤矿这一行业会的技能比较多。他经常说：“好说己长便是短，自知己短便是长。”在自己感慨的同时，也让大家一次次地自我警示，所谓“见贤思齐焉，见不贤而内自省也”，班员们受到了他为人和学习态度的感染，使得整个探放水队在不知不觉中形成了浓厚的学习气氛，也使得大家互相之间的交往更为和善。康家乐遇事总是非常执着，不论面对多么繁杂的任务，他从来也不会烦心，总是有条不紊地将任务分门别类，然后运用自己丰富的经验高效而迅速地完成任务。因此，班员们都很钦佩他。

图 2　规范作业保平安

二、“不经一番寒彻骨，怎得梅花扑鼻香”的真实例证，艰苦钻研、迎难而上

康家乐熟悉班内的工艺流程和生产环节，任何环节或设备出现故障，他很快便能知晓是何种因素导致故障，并能立竿见影地解决现存故障。“宝剑锋从磨砺出，梅花香自苦寒来。”康家乐之所以能有如此之强的专业技能，是因为他孜

孜不倦、夜以继日地艰苦奋斗在生产一线，他从来不去抱怨任务的繁重，也从来不去在意工作环境的艰苦，一直任劳任怨、保质保量地完成工作任务。

2016 年，不连沟公司成立探放水队，主要负责矿井生产期间的钻探施工工程，作为一支专业防治水队伍，急缺钻机检修人员。探放水队成立之初，由于钻机故障，不能及时开展超前钻探工作，频繁影响掘进区队正常生产，康家乐看在眼里急在心上，主动向队领导请缨从班组长岗位上下来，成为当时探放水队唯一的一名检修工，负责探放水设备的日常维护和故障处理工作。同时，他还兼职焊工，加工施工所需的材料及设备所需的配件，“白天忙在焊工房，晚上在井下很忙”是他的真实写照，加班加点成为家常便饭，但康家乐从无怨言。正是他这种吃苦耐劳、甘于奉献的精神，赢得了全队人员的称赞。

图 3　带头检修促生产

三、“爱岗、敬业、诚信、友善”的践行者，先人后己、言而有信

不积跬步，无以至千里；不积小流，无以成江海。在下班时间，康家乐总是不断加强学习，他已经将《煤矿安全规程》熟悉掌握。他总是说：“煤矿是高危行业，探放水工作是煤矿的先行兵，探放水的好坏直接关系到下一步回采质量和安全。作为一名探放水队职工，不仅要有丰富的安全知识，还要具备丰富的现场实践经验，更要具备艰苦奋斗、迎难而上的精神。”

担任班长期间，康家乐始终认为安全管理容不得半点马虎，他十分注重稳定员工思想工作，不断探索促进安全生产的新路子，深刻分析员工的思想状况，引导班组成员统一思想、坚定信心，确保在逆境中取得更大胜利。教育员工在安全生产上要对自己负责、对家庭负责、对企业负责，牢固树立“三不生产”的原则，实施安全意识、知识、技能和事故应急处理的教育，不断提高员工生产意识和自主保安能力。日常工作中，他认真贯彻落实上级有关安全生产的一系列重要指示、指令，坚持“安全第一、预防为主、综合治理”的方针和“管理、装备、素质、系统并重”的原则，以强化现场管理为重点，以强化班组成员教育为突破口，夯实安全管理基础，狠抓安全质量标准化工作，创造了担任班长三年全班未发生一起工伤事故的优异业绩。

图 4　认真排除现场安全隐患

2021 年底，全国煤矿事故频发，康家乐常常早起准备事故材料，在班前会上带领大家学习。个别班组成员安全意识不强，学习事故时走形式、讲过场，康家乐对其进行了严厉批评，他说，人的生命只有一次，却往往因为一时疏忽大意，一个不留神，不仅丢失了自己的生命，还给家庭和企业带来无法弥补的损失，安全生产容不得一丝大意。他就是这样通过引领学习安全知识、事故案例吸取教训，使得班组成员对工作中思想麻痹作业的严重后果有了更深一层、更进一步的认识。

图 5　班前会上认真讲解安全事故案例

康家乐总是忠信乐易。他经常在班组座谈会上对大家说，班组是一个整体，大家要互帮互助，无论是工作中还是生活上，有需要帮忙的都尽管向他开口。有一次，康家乐答应帮一个家住外地的班组同事搬家，结果当天自己的孩子发高烧，同事获悉后深表理解，告知他不用过来了，结果康家乐还是在孩子住进医院退烧后，驱车 200 公里赶到了同事家帮忙，一直忙到了深夜。这件事传开后，整个公司的人都很钦佩他的为人。

正如《平凡的世界》中所说，“我是一个平凡的人，但我也能活得不平凡”。康家乐靠着自己的努力获得了非常丰富的理论知识和实践经验，凭借着诚信友善赢得了同事们的一致称赞，这也许就是一个平凡之人的不平凡之处了吧。

（撰稿人：杜文清　张晓东）

争创正当时　工装践初心

印度尼西亚巴淡 TJK 项目公司安全生产部班组长蔡汉平

自 2019 年进入印尼巴淡 TJK 项目工作至今，蔡汉平已经度过了 4 个春秋。经验的累积，时间的沉淀，使他实现了从业务“小白”到技术骨干的蜕变。他在生产技术一线岗位上扎根奋斗多年，兢兢业业、恪尽职守，凭借着丰富的工作经验、饱满的工作热情和执着的敬业精神，为华电海外事业的高质量发展充分贡献个人力量，在广大职工中树立了良好的形象，充分发挥了榜样先锋和模范带头的作用。

图 1　安全生产部班组长蔡汉平

一、热爱本职工作，认真履行岗位职责

作为巴淡 TJK 项目公司安全生产部的负责人，蔡汉平不仅带头认真落实各项规章制度，而且还指导督促员工严格落实公司的各项安全工作要求，每天深入安全管理工作一线，及时纠正和查处违章，为生产安全起到保驾护航作用。

他始终把安全工作摆在重要位置，强化安全责任，狠抓安全落实。电厂地处海边，经过十多年的运行后，厂内设备老化、腐蚀现象较为普遍，他督促各级人员认真开展日常检查和各类专项检查，制定技术方案，组织进行技术改造和更换，确保安全生产。对高危作业严格按照规范要求开展工作，强化重点部位的安全监督检查，厂里保持安全生产纪录不断得到刷新。

图 2　现场安全指导

图 3　现场检查

二、精细管理提质增效，全面高质量完成年度生产指标

凭借多年扎实的电厂工作经验和丰富的实践经历，蔡汉平对巴淡电厂情况了如指掌。他坚信实干胜过说教，通过安委会、月度安全生产分析会、每日生产会、重要时段专题会议，以及制定执行的“安全生产协调和联系管理标准”“安全生产奖励考核标准”等管理制度，对安全生产工作中每个细节严格把控、不留死角。严守安全生产红线，克服疫情期间时间紧、任务重、人员少的重重困难，带领生产队伍圆满完成了 2022 全年 1、2 号机组各 2 次小修任务；他积极参与与 PLNB 的沟通，合理安排煤炭供应计划，严把煤炭入厂关，督促燃运部做好煤炭定置存储、烧旧存新等工作，全年未发生储煤自燃及上煤堵煤仓、给煤机情况。他以认真负责的精神和严而又严、细而又细的行动，有力防范和化解了安全风险隐患。2022 年，巴淡电厂累计发电量 8.73 亿 kW・h，计划完成率 102.66%，上网电量 7.82 亿 kW・h，利用小时 7933.18h，可用率 93.23%，顺利达到年度计划及 PPA 要求，供应电力质量、机组稳定性、可用率等综合指数均位列巴淡岛内第一位。

图 4　开展特种设备定期检测工作

三、统筹协调勇于担当，保障 TJK 自主运营转型圆满成功

巴淡岛作为印尼特区，经济地位显著，电厂的平稳运行对岛内保供保电具有极其重要的意义。巴淡电厂满足了巴淡全岛 1/5 的用电需求，稳定了该地区的电力供应，结束了巴淡岛每年几次全岛停电及高峰期轮流限电局面，大幅降低了印尼国家电力公司购电成本。2022 年 11 月 1 日起，巴淡电厂正式进入生产运营交接期，由委托运营向自主运营模式转变。转型过渡期间，蔡汉平认真落实《印尼巴淡电厂生产运营交接期间确保安全稳定专项方案审查会会议纪要》精神，深刻认识交接期间及 G20 峰会召开前后做好安全稳定工作的重大意义，与运营公司及巴淡 TJK 项目各级董事积极沟通，充分协调各方意见，稳定现场秩序，稳妥有序推进与运营公司的各项交接工作；全面做好自主运营谋划，统筹安排自主运营后人员留用、部门设置、费用预算策划等重要事项，与运营公司团结协作、凝聚合力，最终实现巴淡电厂自主运营过渡工作顺利完成。2023 年 1 月 3 日，巴淡电厂隆重举行自主运营启动仪式，这代表着集团公司海外电厂“投建营一体化”在华电科工落地，也标志着巴淡电厂由委托运营到自主运营的正式实施。

四、严格落实境外公共安全责任，提升境外公共安全水平

新冠疫情发生以来，蔡汉平带领巴淡 TJK 项目公司团队坚守一线，在对印尼当地疫情现状充分认识的基础上积极抗疫，稳抓生产。结合巴淡电厂实际情况，全面梳理境外公共安全管理体系，进一步强化公共安全管理，持续抓好疫情防控及厂区安全工作。迅速成立疫情防控工作专班，制定疫情防控工作措施和应急预案，全面落实疫情防控各项工作要求。强化现场分区管控，实施网格化管理，严把外来人员入厂关，做到公共安全和疫情防控“两手抓、两不误”。

五、铸力凝聚和谐，以行动践行人类命运共同体理念

人才为企业之本，高素质的职工队伍是公司兴旺发达经久不竭的动力。截至 2022 年，巴淡电厂共雇佣印尼当地员工 186 人，本地化比例超 66%。在日常工作中，蔡汉平充分了解并尊重印尼当地员工的生活习惯及宗教信仰，利用各

种机会增进中方员工与印尼员工之间的交流，增强团队凝聚力，通过开展教育培训，提高职工队伍素质，采取自学、言传、身教的办法，把自己的专业知识毫不保留地传授给员工，以实际行动践行人类命运共同体理念，展现家国情怀。

平凡因奉献而伟岸，平凡因坚守而崇高，平凡因付出而出色，一身青蓝，一生奉献，从穿上工装的那一刻起，蔡汉平便以“勤奋、求实、精进、创新”的实干精神和“爱厂如家”的奉献精神激励自己，脚踏实地、兢兢业业，默默辛勤耕耘，勇于开拓创新，用热爱和坚守诠释着爱岗敬业、劳动光荣的价值本色，用平凡谱写了一曲又一曲不平凡的华丽篇章。

（撰稿人：刘云华）

一颗“螺丝钉”的信念

沈阳金山能源股份有限公司金山热电分公司设备维护部
电气维护班班长李宇洋

李宇洋，2014 年 8 月进入沈阳金山能源股份有限公司金山热电分公司工作，在为期一年的实习期结束后，就来到了设备维护部电气维护班从事电气专业的生产一线工作，时至今日，他已从事电气专业相关工作 9 个年头。在这 9 年中，他从一个刚刚迈出校门的学子到一个崭露头角的新生力量，从一个胸怀大志的初生牛犊到一个生产一线骨干，他始终以高昂的工作热情和积极的工作态度，对工作严谨细致、勇于创新，全身心地投入电气工作事业中。2022 年 1 月，他正式担任设备维护部电气维护班班长一职，并在担任班长期间，克服疫情形势严峻、班组人员不足等困难，在班组成员的全力配合下，圆满完成了 2022 年公司 2 台机组共计 4 次的检修工作。

图 1　设备维护部电气维护班班长李宇洋

一、党员信念：以身作则，冲锋在前

李宇洋作为一名党员，时刻牢记党员的义务，党员形象从一定意义上说就是工作形象、岗位形象，一名党员在本职工作中发挥了积极模范作用，就树立了良好的榜样，就维护了党员形象。因此，在日常工作和生活中，李宇洋积极参与党支部组织的各项活动，时刻领会上级传达的精神，努力学习本专业的业务知识，理论联系实际，争取做到融会贯通、学以致用，坚持学习党的路线、方针、政策，坚定理想信念，牢固正确的世界观、人生观、价值观，不断加强党性修养，按照党章规定履行党员义务，执行党的决定，严守党的纪律，珍惜党员的光荣称号，起到党员应有的模范带头作用。

虽然只是一名普通的党员，但他时刻以优秀党员的标准要求自己，始终牢记全心全意为公司服务的宗旨，处处发挥党员先锋模范作用，恪尽职守，无私奉献，爱岗敬业，勤勤恳恳，任劳任怨，以自己的言行诠释了共产党员的先进性，得到了领导和同事们的认可。

图 2　重温入党誓词、时刻以身作则

二、班长信念：脚踏实地，兢兢业业

作为一名电厂基层管理者，光有吃苦的精神和十足的干劲是远远不够的，还要具备干好工作的过硬本领。作为电气专业的带头人，李宇洋积极运用已学的知识发起并参与各项修旧利废项目，小到一个板件，大到上万元的高压断路器，充分挖掘它们的价值，赋予它们新的生命，多年来通过修旧利废为公司节约了数十万元备件费用。

作为电气维护班班长，他在技术上用心钻研，理论上熟记操作规程，自购其他电气学习资料，实践上严格遵守检修维护规程，培养独立操作能力，保证不发生误操作事故，把工作中遇到的问题和取得的经验、注意的事项随时记下来，虚心向老师傅们、专工请教。虽然他现在是电气维护班班长，但他深知要想把电气专业学透学精，还需要时间的磨炼、知识的积累，循序渐进，一月更比一月强。即使休假期间，他也利用间歇时间，不忘看电气专业书籍，做到身不在岗心在岗，还充分利用家里网络资源，查看电厂电气文献，开阔视野，继续充电，希望在以后工作中以新的认识高度对待工作。

居安思危，警钟长鸣。在电力企业工作过的人都知道，“安全”在生产工作中占有至关重要的地位。作为电气维护班班长的他深知“安全生产”的重大意义，为此，他经常组织班组成员学习安全规程制度，学习事故案例，做到对公司负责、对班组成员负责、对设备负责，对每一项工作负责。做好兵头将尾的衔接作用，保质保量地完成每一项工作任务，认真组织班组成员完成缺陷处理、机组检修、设备改造等各项工作。

三、管理信念：强化管理，创新创效

作为电气维护班班长，他细化班组管理工作，在公司内独创“五人，五型”工作模式，将“五型”班组内容细化，每一型都设立专门的负责人，五位负责人各司其职、相辅相成。将“五型”班组中的各型单独安排负责人，不是将“五型”分离，而是为了更好地增强班组的凝聚力，大家集思广益，全面调动班组成员的积极性，在减轻了一人负责“五型”的工作量的同时，极大地提高了“五型”班组建设的工作效率。

同时，电气维护班在班组管理方面不断完善，先后制定了“电气维护班对标管理办法”“电气维护班绩效考核制度”“电气维护班培训管理制度”“电气维护班班务公开制度”“班组学习培训制度”“班组节能管理办法”“班组民主管理

制度”“班组女性员工权益保障制度”等，并定期对班组成员进行制度宣贯，时刻提醒班组成员严格落实各项规章制度，确保管理纵深到位。

图3 团结班组、提质增效促和谐

李宇洋深知要想设备安全稳定运行，班组成员就需要不断学习，强化业务水平能力。一直以来，为了做好培训工作，李宇洋坚持每周三下午进行班组技术培训与讨论。由各专业负责人将工作中的难点、疑点和急需解决的问题拿出来集中学习和讲解，重要的工作项目，采取集体讨论，集思广益寻求最佳解决方案，并在现场进行培训和操作。他带领电气维护班把爱岗敬业、争先创优作为工作的动力，几年来，在岗位练兵中成长出许多年轻的技术骨干，他们在工作中独当一面。班组形成了遇事爱钻研的学习氛围浓厚，成为全公司较为典型的学习型班组。在工作中，新老员工互结对子，不断引导和培训，努力强化班组成员的安全理念和自身素质。

在他的带领下，电气维护班也取得了显著的成绩。2022 年 12 月，班组荣获公司 2022 年度“工人先锋号”称号；2023 年 1 月，班组被评为集团公司 2022 年度“‘五型’标杆班组”。

四、工作信念：安全第一，勤奋努力

2022 年 3 月，沈阳经历了一次严重的疫情暴发，公司果断作出决定，留下一批员工驻守公司，其他人员居家办公。身为电气维护班班长的李宇洋主动要求驻厂管理，在此期间公司采购的 1 号机组直流 220V 蓄电池组到货，蓄电池在系统发生故障时可持续提供电源，相当于电力系统的心脏，可保证机组安全稳定运行，因此必须利用此次机组检修机会对 1 号机组直流 220V 蓄电池组进行更换。由于驻厂原因设备部电气专业人员较少，面对每块高达 100 多斤重的蓄电池，李宇洋带领电气专业驻厂人员共计 6 人，共同艰苦拆卸安装 16 个小时，圆满完成了 1 号机组直流 220V 蓄电池组更换工作，为公司安全生产作出了自己应有的一份贡献。

图 4　坚守岗位、身先士卒保安全

2022 年 6 月，李宇洋带领班组成员积极开展 QC 活动，自主对厂内 1、2 号中水变压器本体控制回路接线进行改造，当中水变压器超温跳闸后，由直流线芯向 6kV 综合保护器发出信号，综合保护器出口继电器线圈动作，综合保护器出口继电器动合辅助触点闭合，中水变压器低压侧跳闸线圈交流 220V 通电，低压侧跳闸。因在一根电缆里面存在交、直流电源，有交流窜入直流的风险。小组成员讨论后，决定绘制图纸，将 1、2 号中水变压器低压侧交流 220V 控制回路改为直流 110V，并将原有低压侧跳闸线圈更换为直流 110V 继电器线圈。班组成员齐心协力，攻坚克难，消除安全隐患，在工作过程中大家不断提升自己的业务水平，这样不仅是对自己负责，也是对公司负责，为公司安全稳定发展

打下了坚实基础。

砥砺前行，奋发向前。作为电厂生产一线的一颗“螺丝钉”，李宇洋牢记自己的信念，在自己的工作岗位上默默奉献，以实际行动诠释了电厂一名普通班长的高尚情怀。

（撰稿人：李宇洋）

学思践悟　以知促行

安徽华电芜湖发电有限公司维护部汽机班班长刘畅

刘畅，现任安徽华电芜湖发电有限公司（简称芜湖公司）维护部汽机班班长。自进入班组以来，他始终严格要求自己、兢兢业业，立足本职岗位，刻苦钻研技术，勇挑工作重担。本职工作中，他开拓进取、勇于创新，不管是班组建设还是技术攻关，都能熟练运用自身专业知识，带领班组员工出色完成工作。

刘畅，2015 年毕业于东北电力大学动力工程与工程热物理专业，进入芜湖公司从事汽轮机检修工作。在工作中，他一步一个脚印，踏实工作，努力奋进，先后担任检修组长、二期扩建工程汽机专责、维护部汽机班技术员、维护部汽机班班长。他先后被评为芜湖公司“优秀青年”、芜湖公司“先进工作者”，带领班组先后获得 2022 年安徽公司“优秀班组”、2022 年安徽公司“安全生产岗”、2021 年安徽公司“优秀班组”、2020 年“1 号机组大修先进集体”、2018 年集团公司“职工创新创效成果一等奖”等荣誉称号。

图 1　维护部汽机班班长刘畅

一、刻苦钻研，提升自身能力

研究生毕业以后，刘畅怀揣所学成果及建设电力的理想来到芜湖公司，工作初期他发现自己所学知识与检修维护存在脱节，感觉有些力不从心。但刘畅没有沮丧，他最大的特点就在于能够保持刻苦学习。为了尽快熟悉工作，他利用空闲时间，拿着手电、系统图与培训教材穿梭往复于汽机房各层，查找设备位置，熟悉系统流程。由于汽轮机检修经常与阀门、水泵打交道，他便从零开始钻研设备原理与构造、检修步骤、重要质检点，并在每次大小修前，将这些要点重新复习整理，七年磨一剑，长期的学习积累让他对每个设备的构造都映入脑海。纸上得来终觉浅，绝知此事要躬行。长期的理论与实践，使得刘畅逐渐成为汽机专业的技术主力。担任班长工作以后，他在工作之余加班加点补充新知识，2021 年一次性通过注册安全工程师考试，获得注册安全工程师证书；2022 年一次性通过二级建造师（机电工程）考试，获得二级建造师证书，不仅提升了综合素质，而且为班组安全管理和质量管理打下了坚实的基础，成为班组带头人。

图 2　刘畅对汽轮机转子进行现场讲课

二、有的放矢，创建学习型班组

近几年，随着老员工转岗、退休，班组仅有 1 名 45 岁以上的老师傅，而班组青年员工却达到 6 人，班组面临着整体技术能力欠缺、传帮带不明显的情况。面对青黄不接的严峻形势，刘畅在青工培养方面，开展多元化培养，在专业技能培训基础上利用年轻员工的兴趣、性格和职业规划，安排其培训学习，做到有的放矢。首先，专业技术能力培训是基础，他根据掌握了解的青年员工的文化程度、工作年限、专业水平的高低，针对岗位特点与青年员工素质不同，因地制宜地安排其岗位学习、外出培训；在专业技术问题上要求大家不论对错，均参与进来深入探讨，力求人人都能弄懂、弄通。其次，建立个性化差异培训，班组每个人接受教育的层次、专业都不一样，都有自己独特的技能、天赋和能力。汽机班充分发掘每个人的优势，并顺势而为地将专业、工作、优势三者合一地规划每个员工的职业发展，激发大家学习的积极性和创造性，不断提高班组的整体综合素质。2021 年，汽机班 1 人获得安徽公司首届机务实操大赛三等奖，2 人包揽芜湖公司机务实操大赛一等奖和二等奖，2 人获得行车工特种作业证书，3 人获得焊接特种作业证书。在他的带领下，2023 年汽机班所有在岗青年员工均获得工程师或高级工职称，创建学习型班组获得初步成效。

图 3　刘畅对喷油试验检查

三、勇于担当，时刻做好表率

2022 年 9 月，芜湖公司开展 2 号汽轮机通流改造项目，在项目初期，刘畅勇挑重担，担任最重要的通流改造文件包的编制工作。不同于常规检修，2 号汽轮机通流改造文件包相当于重新编制，且作为通流改造最重要的技术支撑材料，其工序和验收标准至关重要，对施工单位的检修时间和质量将起到引领作用。刘畅认真钻研汽轮机厂提供的安装说明书和图纸，逐字逐图进行研究，同时借鉴其他厂的技术改造资料，完成了 2 号汽轮机通流改造文件包工作的编写工作，一次性通过了东方汽轮机厂和施工单位技术人员的审核，受到了一致认可。

“忙几天没关系，能够早日完成 2 号汽轮机通流改造才是大事。”为了能够按时完成改造项目，他心中坚守信念，每日不知疲倦，几乎未在办公室停留，终日在现场监督，同施工方讨论方案，带领班员连续奋战 85 天，对每一个质检点进行验收，确保每一项数据真实可靠。最终，如期完成了 2 号汽轮机通流改造工作，修后热耗率为 7408.5kJ/（kW·h），较修前下降了 310kJ/（kW·h），节能降耗效果显著，获得了公司上下的一致好评。

图 4 刘畅对本体螺栓检测进行讲课

四、敬畏生命，夯实安全基础

在担任班长工作后，刘畅为了提升安全管理水平，在业余时间学习安全管理知识，获得注册安全工程师资质。通过自身能力的提升，他越来越认识到安全基础的重要性，特别是在工作中员工要时刻保持警惕，坚持安全红线，坚决抵制一切违章行为。针对青年员工较多、一定程度存在侥幸心理的情况，通过每周安全视频讨论、违章动画全员大讨论等形式讲安全，每月讲《安全生产法》，积极宣贯“安全高于一切”的理念。他摒弃原有的安全工作仅由安全员及班长负责制，创新以季节性安全检查的方式，将青年员工分为AB两组，A组负责春秋检的检查工作，B组负责春秋检的整改工作，并每年进行轮换，保证全员真正参与安全检查、真正思考安全薄弱环节。这种“全员参与”的制度，提升了设备安全技术，现场隐患明显减少。同时，他坚持开展专题案例讨论，尤其是对于氨区、氢站重大危险源的案例分析、讨论，教育青年员工吸取教训，有针对性地提出对策和防范措施，杜绝了工作中的习惯性违章，真正做到防患于未然，极大提高了青年员工的安全生产意识。

“路漫漫其修远兮，吾将上下而求索。”凭着对工作的热爱、执着与赤诚，刘畅一心扑在工作上，刻苦钻研、奋发进取，为芜湖公司的发展奉献自己的青春和力量。无论何时，他都高标准从严要求自己，以思想在先、事事在前，带着饱满的热情、真抓实干的作风，始终保持一名青年班组长的真正本色。

（撰稿人：刘　畅）

踔厉奋发勇争先　平凡岗位显担当

杭州华电下沙热电有限公司运行部五值值长张亮

时代各有不同，青春一脉相承。从懵懂的运行操作员到成长为班组里的“领头雁”，他十年如一日地坚守在生产一线的工作岗位。在近 11 年的工作中，兢兢业业，甘于奉献，用一言一行诠释着工匠精神，鼓舞班组成员守正创新、勇往直前。他就是杭州华电下沙热电有限公司运行部五值值长张亮。

张亮，2012 年毕业于西南科技大学信息安全专业，进入杭州华电下沙热电有限公司（简称下沙热电），11 年时间一直从事运行工作，他凭借自己的努力，从操作员做起一步步成长为值长。在工作中以强烈的责任心、敢于担当的工作精神团结带领班组成员保质保量完成各项任务目标。参加工作以来，他先后获得浙江公司燃机技能竞赛二等奖、下沙热电优秀党员、浙江省电力行业 2022 年度 QC 小组活动优秀推进者等荣誉。他所带领的团队荣获 2022 年度浙江公司“‘五型’优秀班组”称号、2022 年浙江省质量协会优秀信得过班组三等奖，主创 QC 成果多次获得浙江省质量协会、浙江省电力行业协会二、三等奖。

图 1　运行部五值值长张亮

一、实干笃行，锻造过硬技术本领

张亮作为下沙热电运行团队的一员，他深知技术水平是运行人的硬实力，只有扎实掌握知识、精炼技术，才能在保障生产时做到心中有数，手中有定力。为了提高自身专业技术水平，适应企业发展需要，他抓住一切机会给自己“充电”。他甘于吃苦、勤于学习，处处争做业务骨干，遇到不熟悉的、技术上摸不透的问题，他会主动向身边的老师傅、同事悉心请教。担任值长后，他感受到前所未有的压力，为了能把班组管理好，把班员带领好，他时刻铭记肩上的责任，着重加强班组内部基础管理，建立健全设备管理制度。帮助青年员工解读“成长规则”，从岗位、创新、培训、宣传四个维度入手，鼓励年轻员工勇担使命、创新奋进。在日常工作时，他会严谨细致地梳理好值长的各项工作，以最佳的精神状态带领团队始终走在奋勇争先的前列。

图 2　悉心指导青年员工

二、筑牢责任，保障设备安全运行

安全生产是能源保供的关键。张亮一直把安全工作作为班组的管理之本。他始终贯彻“安全第一、预防为主、综合治理”的安全生产方针，落实人员安全责任制，认真开展“反违章”工作，使班员牢固树立安全生产的工作意识。

严格执行“两票三制”和各项电力安全规章制度，坚持开好“班前班后会”，在会上及时提出发现的隐患缺陷，及时分析，及时防范，坚决杜绝各类隐患。同时做好事故预想，强化危险点预控，将危险点预控措施落实到各岗位。他反复强调安全操作的重要性，明确每位班组成员的安全责任，做到相互监督、自我检查与批评总结，不断强化班员的安全意识。每月，他会选择一个中班，组织全班人员开展安全教育活动，学习公司各项安全管理规定及重要安全文件，总结近期的安全生产情况，布置下一阶段工作，学习贯彻上级指示精神，对身边及其他电厂发生的安全生产事故进行分析，制定相应的安全措施，督促班员把安全工作规程牢记心中，将班组安全工作落实在实处、抓在细处。

图 3　开展安全教育活动

三、抗击疫情，保障生产有条不紊

张亮不仅是一名负责任的班组长，也是一名优秀的共产党员。2020 年初，刚接手值长工作的他充分发挥共产党员的模范带头作用，主动请缨春节坚守生产一线，他说“回家过年的同事赶不回来，班里人手紧张，我来顶！”他以扎实的业务能力、热情助人的“招牌微笑”广受同事欢迎，大家都乐称他为“小亮哥”。

春节期间，恰逢新冠疫情暴发，他没有丝毫退缩，一直忙碌在运行生产一线，只要哪个值人手不够，他就主动顶到岗位上顶班，不辞辛劳，以扎实的业务能力保障机组安全生产。“小亮哥”的挺身而出，让许多身在外地一时不能返岗的同事们安心居家隔离防控，“党员岗位当先锋”这句话生动映照着他清瘦的身影，他以实际行动让党旗在抗疫保电第一线高高飘扬。

图 4　发电机–变压器组保护检查

四、创新管理，助力班组提质增效

2023 年是全面贯彻党的二十大精神的开局之年，青年人应以创新精神迎接新的挑战。张亮根据班组实际运行情况，创新实施“束＋速＋述”管理法，不断加强内外沟通工作，提升服务水平，加强班组制度建设，加大团队技能培养能力，有力推动了班组整体素质的全面提升和员工技能水平的提高。“束＋速＋述”管理法主要表现为：加强制度建设、强化基本工作要求“约束”班组成员日常工作；以“速度”为要务，提升异常处置能力和客户服务质量；以“双述”为基本要求为日常安全工作保驾护航。

五、夯实培训，促进全员素质提升

“在工作中学习，在学习中工作”是张亮的人生信条。随着生产任务的加重，传统集中式培训已不能满足新形势下的班组培训需要，为此他从多途径出招，

打出班组培训组合拳。为响应部门“主机–化学”岗位融合计划的相关要求，他根据班员年龄、专业及岗位的差异性制定培训计划，通过一对一教学、“小灶课堂”等方式，进行查缺补漏，帮助班员解决实际工作中遇到的问题，同时对近期发现的缺陷进行分析梳理，做好巩固提升工作。张亮用有针对性的培训方式夯实专业技术水平，大大提高了班组成员的实际工作效率。

图 5　日常巡检

六、创新攻关，解决企业技术难题

张亮注重班组人员的创新培养，积极带领班员参加创新创效、QC 等岗位建功活动，解决企业生产中遇到的实际难题，提高班组成员的技术革新和创新能力。近年来成果显著，班组 QC 活动小组通过合理控制蒸汽压力和温度设定值，全年减少抽汽疏水袋气动阀的开启时间 816h，带来 21.2 万元的经济效益，荣获浙江省电力行业协会 2020 年度 QC 小组活动优秀成果三等奖；班组 QC 活动小组通过分析辅汽消耗量大的原因并改进投用方式，使机组单次启停辅汽消耗量由 46GJ 下降至 29GJ，以天然气折算，全年累计节省天然气 87720m^3（标况），在带来良好经济效益的同时，还荣获浙江省优秀 QC 成果二等奖；班组 QC 活动小组通过研究如何减少停机后循环水池溢流量并加以落实，全年可节约耗水量 36000t，带来 9.28 万元的经济效益，获得浙江省能源业联合会 2023 年度优秀成果三等奖。

春华秋实，耕耘不辍。作为运行一线员工，他始终保持乐观向上的人生态度，树立崇高的人生理想，心胸豁达，志存高远，面对困难和挫折无所畏惧，在顺境中戒骄戒躁，在逆境中不屈不挠，以坚定的信念和顽强的斗志勇往直前，用青春和智慧书写人生的精彩篇章。

（撰稿人：张　亮）

扎根一线强本领　平凡坚守践初心

华电（宁夏）能源有限公司新能源分公司宁东检修一班班长王元

时光悄然流逝，岁月的痕迹在他的脸颊上刻下一道道“沟壑”，就是这样一个平凡又优秀的人，在工作中勤勤恳恳、精益求精，无论条件有多苦、压力有多大，他总是毫无怨言，默默扎根一线，为宁夏新能源风电事业保驾护航。十余年来，他以实际行动诠释着自己的初心，彰显了华电宁夏一线员工的靓丽风采。他就是华电（宁夏）能源有限公司新能源分公司宁东检修一班班长王元。

王元，自 2011 年进入宁夏公司以来，从一名风电检修“菜鸟”锤炼成精通各项专业的“行家里手”。他充分发扬“马上就办、办就办好”的工作作风，十几年如一日，立足平凡岗位默默奉献、奋进拼搏，以实际行动诠释了“小岗位也能有大作为”。曾多次获得新能源分公司先进个人、宁夏公司优秀班组长等荣誉称号。2022 年所带领的宁东检修一班荣获集团公司“‘五型’标杆班组”称号，由他牵头完成的“风力发电机组主轴清洗创新应用”课题被评为 2022 年度电力行业质量创新成果交流活动优秀成果（三等成果）。

图 1　宁东检修一班班长王元

一、立足本职，拼搏中诠释非凡

初入场站时，王元也是检修、运行的“门外汉”，面对无边的戈壁滩、复杂的电路图、高深的原理知识、繁多的设备部件，他丝毫没有慌张和气馁，始终坚信“有志者，事竟成”。他常常说，“学无止境，要学得真本领就不能怕吃苦”。为了尽快掌握检修、运行知识，他像“小尾巴”一样，天天跟在老师傅后面，积极参与检修、运行工作，对于不懂的操作和技术及时询问，遇到难懂的知识点随时记录在口袋里装着的“小本本”上。晚上下班后，根据白天所学的实际操作，与电路图、原理知识相结合，不断提升自己的专业技能，凭借着学不懂不罢休的坚毅品质，啃下一个个电路、原理知识。任检修作业组长期间，对于以前从未参与的风机检修作业，王元从小问题入手，对于不懂的问题及时请教，晚上睡觉前也要在脑海里再过一遍；日常无巡检任务时，他利用自己的专业特长，对风机换下来的废旧备件进行维修，为公司减少备件费用 10 余万元，逐步从一名风电检修“菜鸟”锤炼成精通各项专业的“行家里手”。

图 2　查阅资料、钻研技术

二、优化管理，管理中突出细微

2022 年王元担任宁东检修一班班长一职，刚来到检修一班时，班组成员仅

仅满足于风机无故障、巡检无问题，对于日常管理不够重视。为了解决这一问题，营造班组成员之间“比、学、赶、帮、超”的浓厚氛围，王元从点滴入手，多举措巩固班组基础建设，不断提升基础管理水平，形成《深度推进宁东检修部检修一班班组建设》报告，为班组日常管理提供坚实保障。

图 3　召开班组日常工作会议

为帮助新入场员工尽快适应工作环境、提高技术水平，王元针对所辖风机的实际情况，带领班组经常性地组织各类安全、技术培训，每月常态化举办安全教育培训以及华锐、华创、明阳风机的设备技术培训，由班组管理人员、作业组长和技术经验丰富的骨干，以视频、PPT 和现场演示等方式进行。培训结束后，组织技术和安全培训检验考试。经过一段时间的运用，新员工安全意识和安全技能得到提升，取得了良好的效果。他提出可以采取班组“老带新”的方法，首先让新员工熟悉变流器、机舱柜、变桨系统的图纸，在风机设备消缺时，由老员工现场指导帮助新员工进行操作，在潜移默化间不断提高新员工的技能水平。

王元根据班组情况，压实设备主人制，将风电场风机落实到个人，每个人负责相应台次的风机，三人为一组，确保至少有两人在岗。若 A 角不在场，此小组日常消缺、巡检由 B、C 角负责，以此类推，这样有效增强了员工的主人翁意识，既可以杜绝风机日常消缺、巡检时出现的推诿、扯皮现象，同时又提升了风机消缺、巡检的质量。

为激励员工干事创业的劲头，王元带头优化绩效分配方式，将员工个人风机设备利用率加入奖惩，每月月末对班组人员名下风机的故障率、消缺时长、风机稳定运行情况等进行统计、评比。对排名靠前的设备主人进行倾斜分配，同岗位职工收入差距逐渐扩大，由原来的等待“发工资”思想转变为积极“挣工资”，切实增强了班组员工竞争意识，激发了员工工作责任感。

图 4　变桨控制柜电气接线实操培训

三、身先士卒，工作中做好表率

作为企业的“兵头将尾”，每当日常工作中遇到困难时，王元总能身先士卒、冲锋在前。2021 年初，由于风机大部件更换频繁，国产化改造任务繁重，外委人员流动性较大，施工现场点多面广，给部门安全管理带来极大考验。作为部门安全员，如何保障现场安全生产稳定是他的首要任务。在此艰难时刻，他毅然舍弃轮休，坚守岗位，从严把控入场人员资质审查，强化入场安全培训。施工现场巡回检查成了他每天的日常，所有工作面的风险评估、现场安全措施检查也成了他工作的重心。久而久之，那个戴有红袖章每天穿梭在施工现场的身影，成为大家心中的典范。

图 5 升压站二次室后台设备巡视

2022 年恰逢宁夏公司“检修部做实”的关键之年，王元始终锚定本质安全型企业目标，全面贯彻落实有关“检修部做实”的安排部署，扎实做好设备隐患排查治理、装置性违章治理、外委人员管控，开展“人盯人”互保、安全管理痕迹化、安全“双述”、安全大检查等活动，定期对班组基础管理和作业现场进行检查。

2022 年 11 月宁夏宁东“以大代小”项目正处在投产前关键的生产准备阶段，王元作为班组负责人，积极组织开展“以大代小”项目生产准备和接产工作，为做好风机安装、调试验收工作，他主动放弃日常轮休，提前进入基建现场，针对“以大代小”建设项目中发现的隐患和缺陷，及时督促建设单位进行处理，消除隐患缺陷 365 条，确保风机投运时安全稳定运行。

四、创新创效，奋进中提升效能

创新是引领发展的第一动力，王元依托公司职工创新创效活动、“五小”及 QC 活动等平台，激发员工创新创效的激情活力。自 2022 年担任班长以来，王元从优化作业全过程、提升作业能力着手，将设备可靠运行意识深度融入作业过程中，达到不断降低设备损坏率的目的。

近年来，风机主轴频繁出现损坏情况，仅 2021 年就发生 3 次主轴故障，机组下架维修成本高，消耗人力大。为解决此问题，降低维护成本，在王元的带领下成立追风逐电 QC 攻坚小组，深度分析华创风机主轴清洗课题，经过市场调研、制定方案、开始实施，形成《风力发电机组主轴清洗创新应用》报告，在2022 年度电力行业创新成果交流活动中，荣获优秀成果三等成果。

五、凝心聚力，日常中激发活力

王元常说“力量生于团结，幸福源自奋斗；团结才能胜利，奋斗才会成功。”他会不定时了解班组成员的思想状态和身体状况，发现思想不稳定的员工能够及时疏导，为其驱散心里的“阴霾”。2022 年 8 月，班里来了一名新员工，因之前从事行政工作，对于风机检修作业一窍不通，时常因为自己专业落后于别人而感到自责，王元及时发现该员工的情绪变化，与其促膝长谈，在日常工作中，手把手教授，帮助其提高技能水平。

图 6　与员工进行谈心谈话

为更好地凝聚班组力量，激发员工团结拼搏、勇于争先的奋进斗志，每月不定时组织班组成员进行各种文娱活动。在日常生活和工作中的他，不管有多辛苦，你总能看到他脸上洋溢着灿烂的笑容，在他的影响下，班组氛围更加融洽，员工之间更加和谐，全体员工勠力同心，心往一处想、劲往一处使，在 2022 年底荣获集团公司“‘五型’标杆班组”称号。

作为基层一线员工，王元十年如一日坚守在平凡的岗位上发光发热，凭着爱学习、肯钻研的进取精神，干出了不平凡的业绩，带动广大职工爱岗敬业、担当作为，为“再造一个宁夏公司”目标贡献自己的一份力。

（撰稿人：王　元）